파고

1. 물결의 높이

2. 어떤 관계에서의 긴장의 정도를
   비유적으로 이르는 말

파고

초판 1쇄 발행 2025년 12월 12일

지은이 이학민
펴낸이 송유수
편집 송유수 이학민
표지디자인 김현경 | **본문디자인** 이학민
제작처 영신사

펴낸곳 주머니시
브랜드 비효율
출판등록 2017년 6월 30일 제2017-000014호
주소 경기도 화성시 비봉면 새비봉남로 39, 107동 1202호
전자우편 pocketpoem.mail@gmail.com
홈페이지 pocketpoem.co.kr
인스타그램 @pocketpoem_official
대표전화 010-4597-5823

ⓒ 이학민 2025
ISBN 979-11-90706-26-1 03810

* 이 책은 대전광역시, (재)대전문화재단에서 사업비 일부를 지원받았습니다.
* 이 책의 판권은 지은이와 출판사에 있습니다. 이 책의 내용을 전부 또는 일부를 재사용하려면 반드시 양측의 서면 동의를 받아야 합니다.
* 비효율은 주머니시의 단행본 출판 브랜드입니다.

파고

이학민
소품집
둘 height of waves

나는 누군가 오래전 열어 둔 문

파고를 여행하는
독자를 위한 안내서

〰〰〰〰〰〰〰〰 안내자 김달님

　처음엔 책의 제목을 '파도'라 읽었다. 곧 그것이 '파고'임을 알아차렸다. 왜 파도가 아니라 파고일까. 사전에 적힌 '파고'의 뜻은 물결의 높이. 그가 지나온 시절마다 모스부호처럼 남겨둔 글을 읽으며 이유를 알았다. *"인생은 끊임없이 파도를 맞는 일"*이고, *"언제, 어떤 높이로 다가올지 예측되지 않는 것"*. 그리고 그는 그 파도가 자신을 덮칠 때까지 끝내 시선을 거두지 않는 사람이다. 수많은 불면의 밤을 보내는 동안에도 그가 했던 일은, 그저 *"어디에도 자신을 비추는 빛"*이 없는 어둠을 응시하는 일이었던 것처럼. 오직 그런 사람만이 파고를 가늠할 수 있지.

끝내 응답이 오지 않는 문학, 장마처럼 찾아오는 무기력함, 고통과 공허로 남은 상실… *"하나가 가면 또 하나가 오는"* 파도를 견디고 나면 (때로 휩쓸리고 나면), 그는 그럼에도 자신에게 남아있는 것들을 헤아리며 글을 썼다. 어디에서? *"볕이 가난하고 진종일 창문을 열어두어도 그림자가 지는 셋방",* 소품실이라 부르는 그의 작업실에서.

스물여섯부터 서른여섯까지. 나는 다세대주택의 2층 셋방, 다섯 평쯤 되는 원룸에서 10년을 살았다. 그곳에 사는 동안 내게도 많은 파도가 다녀갔다. 오래 사랑했던 것들을 차례로 떠나보냈고, 그중엔 삶 전체가 무너지는 듯한 상실도 있었다. 어느 때는 아무런 희망도 희망할 수 없어 가만히 누워 일어나지 못하는 날들을 보냈다. *"혼자 살아서 좋은 건 혼자 울 수 있다는 것".* 그리고 그렇게 혼자 울고난 후 내게 필요한 건 언제나 창문 근처에서 왔다. 셋방에는 창문이 하나 있었다. 그마저도 남향이 아니고 방범창이 가로막고 있어

방 안의 어둑함이 다 사라지진 않았지만, 유일하게 볕이 드는 자리였다. 바깥에서 살아가는 사람들의 소리가, 살아있음의 기척이 스며드는 곳이었다. 그 아래에 책상이 있었다. 방에서 가장 환한 자리에 책상을 두었던 건, 그곳만이 내가 그 방에서 지키고 싶은 자리였기 때문이다.

"이제 책상으로 회귀할 시간입니다."

그런데 이상하지. 왜 책상은 매번 '돌아가는 자리'처럼 느껴지는 걸까. 하나의 파도가 지나가면 나는 책상으로 돌아가 글을 썼다. 내가 모르는 시간 속에서, 그 또한 매번 그러했듯이.

서른여섯에 그 집을 떠날 때, 이삿짐을 정리하며 많은 것을 버렸다. 책상도 그중 하나였다. 마지막으로 문을 닫기 전, 아무것도 남지 않은 방을 한동안 바라보았다. 책상도, 책장도, 침대도, 냉장고도, 옷장도 사라진 채 벽과 바닥만 남은, 그저 네모난 어둠 같은 공간. 그런데도 중요한 무언가를 두고 떠난다는 기분을 지울 수 없었다.

그건 아마도 그 방에서 내가 살아온 날들을 보았기 때문일 것이다. 열 해 동안 웃고, 울고, 사랑하고, 헤어지고, 쌓아가고, 무너지고, 밝아지고, 어두워지고, 그러다 결국 다시 책상으로 돌아가 글을 쓰던 날들이 한번에 펼쳐지는 듯했다. 그때 시간은 선이 아니라 하나의 공간처럼 느껴졌다. 그제야 지나온 시간들을 한꺼번에 쓰다듬어주고 싶어졌다.

지난 8년 동안 자신에게 다녀간 수많은 파도와, 혼자 헤아려본 파고를 담은 이학민 작가의 책이 그의 방처럼 느껴진 것도 그 때문이었다. 지나간 시절마다 점처럼 남겨둔 글 속에는 여전히 그때의 그가 살아 있다. 잠자코 비를 응시하다가, 날이 가물면 그제야 밖으로 나가 한참을 걷고 돌아와 글을 쓰던. 다시 *"살아도 되겠다"*고, 살아보고 싶다고, 가만히 읊조리던. 그가 글을 쓸 때면 절에 가서 연꽃등을 다는 어머니에게 더 근사한 목걸이를 선물하고 싶다고 다짐하던. 떠나간이의 부재를 '가닿을 수 없는 어딘가에 있음'으로 치환하며 애도하던. 생존을 희망하고, 희망이 생활이 되기를 꿈꾸던. 시 없이는 이 춥고 긴 겨울을 나는 법을 끝내 모르기를 바라던. 여덟 번째 새로고침 끝에, 비로소 문학으로부터 첫 응답을 받던. 지나온 모든 시간을 끌어안은 그가 사라지지 않고, 흩어지지 않은 채 이 책에 담겨 있다.

그는 자신과 비슷한 사람들을 떠올리며 적었다. *"그들이 희구하는 것을 모르지 않고, (잠시 조도가 낮아졌더라도) 그들이 내는 빛을 본 적 있으니까. 그 빛으로 하여금 어둡기만 한 나조차 밝아진 적 있으니까."*

나는 기억한다. 이학민 작가가 내게 보여주었던 빛을. 그 빛에 빚을 지며 한순간 환해졌던 나를. 그러므로 언젠가 독자가 그에게 전해주었다는 말을, 나도 전해주고 싶다.

"있어주셔서 고맙습니다."

그리고 계속, 있어주기를 희망합니다.

문을 열 듯 책을 펼치면 당신은 한번도 가본 적 없는 그의 방에 커다란 창문을 그려주고 싶어질 것이다. 오랜 어둠에 익숙해진 그에게 볕이 충분히 머물 수 있도록. "당신의 글을 잘 읽고 있다"는 목소리가 그에게 온전히 전해질 수 있도록. 그리고 어느 페이지에선 한번쯤 마주하게 될 것이다. 창문에 어렴풋이 비친 내 모습을 바라보듯. 각자의 방에서, 언젠가 자신도 겪어본 적 있는 당신의 조각들을.

2025년 가을

김달님 작가 ●

● 내가 만난 평범한 사람들에 대한 글을 쓴다. 산문집 『뜻밖의 우정』, 『우리는 조금씩 자란다』, 『우리는 비슷한 얼굴을 하고서』, 『작별 인사는 아직이에요』, 『나의 두 사람』을 썼다.

차례

파고를 여행하는 독자를 위한 안내서 6
〜〜〜〜〜 안내자 김달님

1부 반감기

점과 선 19

의미 없는 소리 24

일구월심 34

불면 44

데리고 다닐 정도 54

인생의 버팀목이 오는 순간 63

소품실 69

어른과 파도 92

술 마시며 배운 것들 98

통증 108

마침표 115

2부 중정에서 광장으로

여는 글 | 고통을 덮고서 한 일 125

언 바다 위를 걷는 기분 129

반대편에 사는 사람 134

극복할 수 없지만 140

모국어를 쓴다는 것 145

무의미한 죽음, 무의미한 고통 150

당신의 회복이 더딘 이유 155

겨울, 한철 160

3부 소외의 기분

인기척 167

샘 170

홀수 172

혼자만의 것들 177

속도 183

겨울이 오기 전에 187

이새벽 192

한겨울 198

시간이 지나가면 200

일상의 바깥 204

감사의 말 210
참고 문헌 218

1부 반감기

점과 선

작가와 저자는 다르다. 전자가 글 쓰는 상태에 놓인 인간을 말한다면 후자는 책을 집필한 인간을 의미한다. 대다수 집필 노동자는 작가로 살다가 이따금 저자로 지낸다. 나는 작가이지만, 저자로 소개하기엔 면구하다. 단독 저서를 출간한 지 오래되었기 때문이다. 신간 없는 작가 생활에는 직업인으로서의 부채나 유감이 찾아오기도 하는데 그러나 그것이 이 책을 만든 계기는 아니다.

십 년 넘는 세월 동안 종이책 세 권과 전자책 한 권을 출간했다. 그 밖에도 여러 매체에 글을 싣고 산다. 신경 써서 하는 일은 작업실 청소와 산책이지만 그보다 자주 책을 읽는다. 아는 작가도 꽤 많다. 교분이 있다는 게 아니라 신간을 기다리는 이름이 많다는 소리이다. 근년 간 독자로 살아오며 불평하지 않았다. 오히려 어린 시절 그랬듯 이야기에 온전히 몰입할 수 있어 좋았다. 그 이전까지만 해도 독서가 편하지 않았다. 아마도 저자가 되고 싶다는 욕망 때문이었으리라.

글이 책이 되는 기준은 무엇일까. 분분한 주제일 텐데 나는 다음 두 가지 중 하나라도 충족돼야 한다고 생각한다. 첫째, 상업 가치. 팔리지 않는 책은 출판사의 유서가 될 수 있다. 둘째, 보존 가치. 유서는 살아 있을 때 쓰는 것이다. 수요가 있거나, 없더라도 세상에 남겨 두자는 결정이 내려진 원고가 책이 된다. 그러므로 저자가 되려는 작가라면 자신의 글을 들여다보며 질문할 것이다. 내 글은 과연 책이 될 가치가 있는가. 확인해 보려면 출판사에 투고해 보면 된다. 계약 성립까지는 여하한 조건에 들어맞아야 한다. 시기나 운도 따라줘야 한다. 변수가 많고, 그래서 유일한 정답은 아닐 테지만, 자본과 인력을 투입하는 전문 집단의 선택은 가치 판단의 준거가 될 수 있을 것이다. 그렇게 믿고서 오래간 투고를 준비했다. 준비만 했다. 뭔가 하려고만 하면 작업을 멈춰야 할 이슈가 안팎으로 몰려오는 바람에 송고한 적은 없다. 책 쓰기란 원고를 모아 일정한 구조로 엮는 일. 그것을 하나의 선을 긋는 일로 표현한다면 나는 선(線)이 아닌 점(點)만 계속 찍은 셈이다.

흐름이라는 게 그렇다. 한 번 끊어지면 흔적이 남아도 잇기가 어렵다. 좀더 지체되면 기억은 흐려지고 욕망이 변한다. 투고를 마음먹은 과거의 '나'와 지금의 '나'는 같은 사람이지만 경험, 생각, 관점 등이 얼마간 달라진다. 그래서 최초의 기획을, 그 순간의 감각을 잊고서 망연해진 적이 많았다. 억지로 점을 이을수록 내가 만드는 책이 점점 더 낯설어졌다. '이게 맞나?' 싶은 의문과 '어차피 수요 없는 공급 아닌가?' 하는 회의 그리고 불안에 사로잡혔다. 서둘러도 늦은 판인데 시간만 낭비하는 기분이 들었다. 자신이 없어지고 애정이 식었다. 그즈음 내 안의 무언가가 꺾인 것 같은데 그게 정확히 무엇인지 나는 알지 못한다. 결과는 안다. 지쳐버렸다. 세상에 흔적을 남기고 싶지 않았다. 그러다가 사소한 계기로 다시, 저자가 되기로 마음먹었다.

두 번째 소품집이다. 하나가 둘이 되기까지 팔 년이 걸렸다. 한 소설가는 자신의 신간을 소개하며 일 년간 집필했으나 거의 평생을 써온 것이나 다름없다고 말한 적 있다. 자신도 모르는 내면 어딘가에서 그 이야기를 꾸준히 써왔다는 의미로 이해했는데 이 책을 만들며 나도 그 의미를 조금은 체감할 수 있었다. 원고 작업에 전념한 기간은 석 달 남짓이지만, 거의 십 년간 써온 듯하다. 집필하며 돌아보니 내가 지나온 시절마다 점이 찍혀 있었다. 모스부호처럼, 여러 점을 이으면 언어가 될 수 있음을 알게 된 과정이기도 했다.

어떤 이야기로 시작해야 할지 고민되지 않았다면 거짓말일 것이다. 장고 끝에 책이 만들어지기까지의 여정을 시작에 두었다. 다른 주제라면 더 수월했으리라는 예감이 든다. 명랑한 얘기로 시작하면 좋을 텐데, 그럴 준비가 되었는데, 어쩔 수 없다. 다음 장으로 넘어가기 위해선 반드시 짚어야 할 이야기가 있다. 지금부터 할 이야기가 내게는 그런 이야기이다.

의미 없는 소리

 좋아하는 것만 하고 살 수 없다. 싫어도 해야만 하는 일이 있다. 그때 내겐 사는 게 그랬다. 일상은 공허했고 일은 시시했으며 숨이 돼준 것들마저 지루했다. 책은 눈에 들어오지 않았고, 끝까지 본 영화도 손에 꼽혔다. 밤잠 설쳐가며 챙겨보던 축구 경기 역시 관심 밖이었다.
 누구나 관계의 척도를 가늠하는 자신만의 기준이 있을 것이다. 내게는 축구가 있다. 축구를 함께 보았다면 그이는 나와 가까운 사람이다. 늘 그런 건 아니지만 대체로 그랬다. 가까운 사람과 좋아하는 것을 함께 보면 즐겁지만, 모든 순간 좋기만 한 건 아니었다. 축구 볼 때 나는 '우리 편' 선수의 실수를 적극적으로 옹호한다. 경기가 안 풀릴 때 가장 속상한 건 저 선수일 텐데 비난까지 더할 필요 있나 싶어서다. 반면 '우리 편' 선수가 부진할 때 불안이나 안타까움을 분노로 표현하는 사람도 많다. 내 주변에도 여럿 있고, 그날도 이런 말을 들었다.

쟤 밥 먹고 축구만 하는데 왜 저렇게 못하냐.

다른 시절이었다면 전술, 일정, 최근 부상 이력 등을 근거로 선수를 감쌌을 텐데 그날 내 입에선 영 딴소리가 나왔다.

좋겠다. 밥 먹고 할 일 있어서.

당시 나도 하는 일은 많았다. 설거지, 글쓰기, 어르신 키오스크 교육 보조, 물류 창고 음료수 옮기기 등등. 그중 하고 싶은 일은 없었다. 기꺼움 없는 일은 할 일이 아니라 하는 일. 준비도, 표정도 없이 때가 되면 그냥 한다. 그래서 그 선수가 부러웠던 것 같다. 의욕적으로 할 일이 있다는 게. 그럴 여력이 있다는 게.

  여남은 해 동안 거의 비슷하게 살았다. 뭔가 해보겠다고 들끓다가 때가 되면 차갑게 가라앉았다. 원인은 무기력. 그것은 장마처럼 주기적으로 찾아와 나를 주저앉혔고, 더 내릴 게 없다 싶을 때쯤 물러갔다. 그렇게 무사히 건너왔는데 이번엔 유난했다. 요컨대 이런 날이 이어졌다.

  걸으면 나아질까 싶어 산책하려고 날씨를 보니 미세먼지가 심하단다. 언제는 안 그랬나 싶어 옷을 갈아입는데 J에게 문자가 온다. 쉬는 날인데 너무 피곤하다, 뭐하냐, 영화 볼래? 대충 그런 내용이 이어진다. 귀찮기도 하고 선약(산책)도 있으므로 만남을 거절한다. 이윽고 우리의 대화 주제는 미세먼지로 바뀌고, 내가 묻는다.

  — 미세먼지가 매우 나쁨이네.
  — 미세먼지는 원래 나쁘지.
  — 이런 날 산책한 건 살인 행위일까?
  — 나가서 누굴 죽이려고?
  — 아니, 자살 행위.

그날은 아무도 죽지 않았다. 갑자기 비가 오는 바람에 일찍 들어왔거든. 괜찮아 안 죽어, 라던 J의 예언은 이번에도 들어맞았다. 사 년 전쯤이었나. 그때도 J의 예언에 감탄했다. 아직 아무 일도 일어나지 않았는데 그가 말했다.

망했다.

정말 그렇게 되었다.

창밖으로 여전히 비가 내린다. 어제는 내가 집에 들어오자마자 장난이 끝났다는 듯 바로 그쳤는데 오늘은 새벽 내내 내릴 모양이다. 창문을 열고 손을 내민다. 손바닥에 비가 떨어지는데 아프지 않다. 소리는 거센데 나는 안전하다. 비는 사람을 베지 못한다.

다행이다.

정말 그런가.

이십 대 초반 처음으로 언론사에 서평을 썼다. 삶에 애착을 잃은 인물과 생이 단절될 운명에 놓인 인물의 이야기가 담긴 소설을 읽고 쓴 글이었는데, 나는 두 인물의 욕망을 죽음이 아닌 삶이라고 썼다. 그들이 말한 '죽고 싶다'라는 말의 의미를 '현재와 다르게 제대로 살고 싶다'로 해석한 것이다. 죽고 싶다는 말은 생각보다 자주 들린다. 내게 그런 말을 꺼낸 사람들은 살아 있다. 여전히 사는 듯이 살아보고 싶어 한다. 반면 지난해의 나는 이런 기분에 사로잡혔다.

여한이 없다.

바라던 게 이루어지거나 원통함이 사라진 상태에서 쓸 법한 이 표현은, 그러나 무기력증 환자의 입에서도 나왔다. 아닌 게 아니라 그대로 인생이 끝나도 억울하지 않을 것 같았다. 불온한 시도를 욕망한 건 아니었고 그러니까…… 이 정도면 충분하다, 그만 살아도 되겠다, 싶었다.

다시 한번 말하지만, 좋아하는 것만 하고 살 수 없다. 살아 있으면 의미 있는 일을 해야 한다. 몇 개월 바닥을 찍다가 작업을 재개했다. 공모전에 제출할 단편 소설을 썼는데 진도가 더뎠다. 열정 대신 근성으로 일한 탓인지 하루에도 몇 번씩 참을 수 없는 무의미가 다가왔으나 계속 쓰는 것 말곤 다른 방도가 없었다.

  소설 집필에는 뭉텅이의 시간이 필요하다. 너무 늦게 시작한 탓에 남은 시간이 얼마 없었다. 마감이 임박한 순간의 최선은 완성 전까지 세상을 등지는 것. 그것이 오랜 친구들이 모인 단톡방이 소란해도 열어보지 않은 이유였다. 나흘 후 소설을 보내고서야 우리의 단톡방을 열었다. 이제는 추억에 둔 한 아이돌 가수 얘기가 가득했다. 그 밑에는 링크가 있었다.

  무슨 일이지?

  링크를 누르자 유튜브로 연결되었다. 광고가 나오는 동안 댓글을 보니 반응이 뜨거웠다. 본 영상이 시작되었다. 십오 분가량의 공연 영상이었다. 보고, 보고, 또 봤다. 오늘만은 이 영상의 VIP가 된 것처럼 반복해서 전설의 복귀 무대를 재생하자 이제는 희미해진 옛 기억이 다가왔다. 저 노래가 나오고 이듬해쯤 내가 첫 소품집을 낸 것 같은데. 음악은 시간을 되돌리는 재주가 있다. 한때 즐겨 듣던 옛날 노래를 듣다가 눈물, 콧물 흘려가며 직접 만든 옛날 책을 펼쳤다.

 오래된 사진을 꺼내 볼 때가 있다. 촌스럽고 어린, 그래서 그립기도 슬프기도 한 우리의 모습을 보고 있노라면 사진 밖의 옛일도 기억의 형태로 되살아난다. 나의 이십 대가 담긴 첫 소품집을 다시 펼친 그날도 그랬다. 담기지 않은 부분까지 내겐 보였다. 마지막 장을 덮는데 뭔가 울컥한 기분이 들었고, 의문이 뒤따랐다.

 어떻게 이렇게 열심히 살았을까?

 그 시절의 애씀이 무용하거나 애처로워 보일 줄 알았는데 그렇지 않았다. 오히려 그토록 내달릴 수 있었다는 게 신기했고, 부러웠다.

 이십 대의 나는 자주 음울했다. 술, 흥, 호기심, 친구, 청춘, 사람에 대한 기대…… 그런 것들을 차례차례 떠나보내던 시절이었다. 문학을 하겠다고 나섰고 실제로 진종일 글을 썼으므로 불만은 없었다. 불평도 하지 않았다. 모든 게 괜찮아서가 아니라 괜찮다고 생각해야 괜찮아질 것 같았다. 마음은 그랬고 몸은 바쁘게 기회를 찾아다

녔다. 얼른 문을 열고 들어가 인정과 보상을 획득하려고, 내 자리를 찾으려고, 그러면 정말로 괜찮아질 거라 믿고서 하루하루 조급하게 살았다. 그러는 동안 내면은 서서히 병들어갔다. 첫 소품집을 자주 열어보지 않은 건 그 때문일 것이다. 바로 그 시절을 담은 이야기니까. 그러나 그날 다시 마주한 책은 뜻밖에도 충분해 보였다. 한 시절의 서투름과 살아보겠다는 의지가 반짝였다. 지워낸 부분까지 기억하는 내 눈엔 그랬다.

 책을 내려두고 다시 공연 영상을 틀었다. 너무 멀리 온 줄 알았는데 늦은 건 없다는 생각이 들었다. 하기로 한다면. 다시, 용기 낸다면. 과거의 내가 무기력한 오늘의 나를 등 떠밀었다. 이제 일어나라고. 비로소 나는 음이 없는 소리들을 이해했다. 그로부터 아직 세상에 없는 책을 떠올렸다. 파일로 저장된 원고를 꺼내 눈에 보이는 용기에 담고 싶었다. 고작 그거면 이 지루하고 여한 없는 인생을 돌파할 수 있을 것만 같아서. 머릿속에서, 아직은 의미 없는 소리가 들려왔다. 원고 분량은 충분하지, 표지는 전문가에 맡겨야지, 이번엔 다른 사람들에게 도움을 요청할 거야, 북토크를 많이 하고 싶다, 또, 또 뭐가 있지? 우연하고도 사소한 계기 하나에 마음이 바빴다. 상상 속 책 기획이 너무 즐거워서. 이런 적 있었나? 있었지. 희망을 믿던 시절. 그리고 생에 애착을 가질 때마다.

말보다 글이 좋은 점은 수정할 수 있다는 점일 것이다. 아직 늦지 않았다면 이쯤에서

그만 살아도 되겠다.

이 말은 취소한다. 무를 수 없다면 두 글자만 빼자.

살아도 되겠다.

움츠러들 때마다 형이 해준 말이 있다.

어깨 펴고 당당하게 기죽지 말고 제대로 해 봐.

원고 쓰는 지금도 그림자가 다가온다. 무관심, 헛수고, 실패, 좌절 그리고 무의미…… 나를 기죽게 하는 것들. 과거엔 이런 것들을 어떻게 이겨냈

더라? 아마도 무턱대고 믿었으리라. 내 책과 조응할 사람이 세상 어딘가에 있다고. 어쩌면 기다리고 있을지도 모른다고. 그래도 의심이 들 때면 독자에게서 온 메일을 다시 읽곤 했다.

    힘들다고 생각했는데 오늘 작가님 글을 보니 그래도 힘이 나요. 앞으로도 자주 보겠습니다. 있어 주셔서 감사합니다. (2015. 06. 24.)

일구월십

    문학동네? 민음사? 창비? 박정민 배우가 운영하는 출판사 '무제'는 어떨까? 짧은 고민 끝에 투고의 문을 닫았다. 그들에게 기회를 주기엔 한 세기는 이르다는 판단에서. 너스레를 접고 진실을 고하자면 처음부터 투고는 배제했다. 기성 출판과 어울리지 않는다는 생각이 들었기 때문이다. 소품집만큼은 온전히 내가 원하는 방향으로 만들고 싶었다.

    예술 지원 사업이란 게 있다. 문학의 경우, 선정 시 출간 제작비 일부를 지원해 준다. 때마침

나는 그것을 알게 되었고 시도하지 않을 이유가 없었다. 신청서를 제출하는 데까지 이 주가 소요됐다. 내가 지원한 분야는 매년 한 명밖에 선정하지 않아서 큰 기대는 하지 않았다. 차라리 미선정을 예감해 두었다. 당락에 얽매이면 프로젝트가 흔들릴 수 있으므로 초연해지기로 한 것이다. 특별한 태도는 아닐 것이다. 무언가 오래 하다 보면 저절로 알게 되는 것들이 있다. 그중 하나. 모든 자리 싸움엔 탈락이 기본값이라는 것. 한 명을 뽑는 데 백 명이 지원했다면 한 명의 선정자가 아니라 아흔아홉의 미선정 그룹에 속할 확률이 훨씬 더 높다. 자연스러운 일인데 그걸 모르던 시절에는 결과가 나오는 순간까지 동동거렸다. 과거가 미래를 가져가게 둔 것이다. 경험은 거짓말을 못 한다. 이젠 되든 안 되든 성실히 나의 일을 한다. 결과가 나오는 날에만 그것을 돌아본다. 이런 태도를 나는 이렇게 부른다.

성실한 비관주의.

세상은 비관을 나무라지만, 낙관에서 오는 것

이 더 밝고 생산적인 것도 맞지만, 성실한 비관이 나쁘기만 한 태도는 아니라고 믿는다. 기대 없이 순전하게 매진한다는 의미니까. 내일이 아니라 오늘의 나를 책임지는 일이니까. 내 삶을 성실히 비관하는 바람에 나는 절실함보다 정확함을 추구하는 창작자가 되었고, 그것에 얼마간 만족한다. 여전히 실패에 낙담하고 희망에 흔들릴 때도 있지만 내 몫이 아닌 걸 욕심내지 않는다. 예외는 있다. 나의 일이 나만의 일이 아니라고 느껴질 때.

아빠는 내가 온라인 연재를 할 때마다 연재처로 찾아와 '좋아요'를 누르신다. 같은 시기에 엄마는 절에 가서 연꽃등을 달거나 백팔배를 하신다. 나는 그것을 매번 나중에 알게 되는데 그때마다 불현듯 성공을 욕망한다.

한 축구 선수의 은퇴식을 보았다. 절대 울지 않을 거라고 자신하던 그는 다음 대목을 말하다 울고 말았다.

제가 은퇴한다고 하니 저희 아버지께서도 드

디어 축구 선수 아버지로서 은퇴하게 되었다고 말씀하셨습니다.

오래간 뒷바라지해 온 아버지가 아들의 은퇴와 함께 그 짐을 내려놓게 되었다는 사연. 어떤 마음일까? 결말을 마주하는 아쉬움이 남을지언정 뿌듯하지 않았을까? 나는 어떤가. 내가 잘되길 나보다 더 바라는 분들에게 저 선수처럼 뿌듯함을 준 적 있는가. 의무를 다했는가. 골몰해 봐도 떠오르는 순간이 몇 없었다. 가족의 형태는 다양하고, 가정의 성격도 제각각이다. 하늘 아래 당연한 건 없고, 내리사랑을 경험하지 못하는 사람도 많다. 시대가 변했다고, 이제는 부모의 헌신이나 희생이 고루하다고 말하는 목소리도 종종 들린다. 그러나 나는 운이 좋아서 헌신적인 부모님을 만났고, 두 분의 희생과 애정으로 무사히 자랐다. 부모님께 보은할 의무가 있다.

인간은 이루지 못한 욕구를 선망한다. 그걸 욕망 혹은 꿈이라고 부른다. 이루면 물러가는 욕망도 있고, 어떤 분야에서 데뷔하는 일처럼 비로소 시작되는 꿈도 있다. 내가 품은 게 일회성 욕망인지 새로운 단계로 거듭나고 싶은 꿈인지는 이뤄봐야 안다. 이루지 못해 알지 못하는 나의 욕망 중 하나는 효도. 가진 것에 비해 남들 가진 것에 관심 없고, 이룬 것에 비해 열등감 없는 내가 부러워하는 사람이 있다면 그건 효도하는 사람이다. 나이 들수록 바람이 커진다. 중년이 된다는 건 노년이 되어가는 부모님을 목격하는 일. 나의 동력이자 통점인 두 사람의 외면에서 세월의 흔적을 발견할 때마다 마음이 복잡해진다.

  몇 년 전 부모님과 세종시에 있는 식물원에 갔다. 정확히 기억나지 않지만, 당시 우리에게 좋지 않은 일이 있었을 것이다. 순순한 나무들을 보면 그래도 마음이 조금은 나아지지 않을까 싶어 부모님을 모시고 먼 세종까지 갔다. 도착하자마자 잘못된 선택이었다는 생각이 들었다. 여름이긴 했으나 볕 들기 좋은 식물원은 어딜 가도 너무 더웠다. 난감한 내 마음을 알아챈 부모님은 애써 더위를 참아주셨는데 사건이 벌어지고 말았다. 엄마가 목걸이를 잃어버리신 것이다. 비싼 건 아니었지만 일평생 값나가는 장신구 한 번 해보지 못하신 엄마의 유일한 목걸이였다. 여름의 잔인한 더위 속에서 우리는 목걸이를 찾아 식물원을 배회했으나 결국 찾지 못했다. 여정의 주최자로서 회의가 들었다. 드리고 싶었던 건 아주 사소한 행복이었는데 불행을 드린 것 같아서. 작업실로 돌아와 그날의 일을 적어두며 더 근사한 목걸이를 선물해야겠다고 다짐했다. 다짐은 아직 현실이 되지 못했고, 시간만 정처 없이 흘렀다.

  두 분 모두 고아가 되신 지 좀 되었다. 조부모님들은 유명을 달리하셨지만, 그분들의 자녀들(나에겐 친척 어른들)을 만나 뵐 때가 종종 있다. 그날도 가족 잔치가 있어서 큰집에서 술과 음식을 먹고 있었다.
  다음은 네 차례지?
  사촌 중 누군가 결혼 얘길 꺼내자 또 다른 누군가 내게 물은 참이었다. 나는 평소대로 눈앞의 먼지를 세고 있었는데 한 친척 어른이 이런 말씀을 하셨다.

젊은 직원들에게 들어보니 결혼도 선택인 시대더라고. 물론 그 선택권조차 없는 친구도 있고. 그래서 결혼하라는 말은 함부로 못 하겠어.

나는 먼지 세기를 멈추고 친척 어른의 잔을 채워드렸다.

그래도 가족은 필요하다고 생각해. 살다 보면 가족이 꼭 필요하구나, 실감하는 날이 오거든. 나는 부모님 돌아가셨을 때 그랬어. 내 옆에 남은 아내와 자식을 보면서 결혼하고 아이 낳은 일이 내가 가장 잘한 일이구나 싶더라고. 갑자기 삼십 년쯤 젊어져도 나는 결혼을 선택할 거야. 긴 세월을 가족 없이 살 자신이 없거든.

의미심장한 한두 마디에 인생의 방향이 변하기란 어렵다. 나는 비혼을 선언한 적 없지만, 그래서 신념까지는 아니지만 인생의 구상 단계에서부터 결혼을 제외한 인간이다. 완곡한 어른의 조언에도 내 시나리오는 수정되지 않았고 다만 궁금했다. 과연 나의 존재는 고아가 된 부모님께 위로가 되었을까?

  타인을 위로하는 방법은 모른다. 그런 처지에 위로하는 문장을 쓴 적이 많다. 왜? 아마도 내가 듣고 싶은 말을 타인에게 전함으로써 스스로 위로하고 있던 게 아닐까 한다. 얼마 전 발표한 시도 그랬다. 늘 그랬듯 시작(詩作)을 부추긴 장면이 있었다. 시민을 인터뷰하는 TV 프로그램이었다. 그늘에 앉아 쉬는 할머니에게로 사회자가 다가가 뭐 하시느냐고 물었다. 그러자 할머니가 말간 얼굴로 대답했다.

  해 피하고 있어요.

  이상하게도 나는 그 말이 '행복하고 있다'라고 들렸고 언젠가 그 장면을 쓰게 될 거라고 예감했다. 다시 떠올린 건 올해 초였다. 취업 강의를 연이어 들은 날이었는데 소란한 강의실 안에서 한쪽 뺨을 책상에 대고 잠든 사람을 보았다. 다음 날에도 그는 쉬는 시간마다 고개를 떨구고 잠을 청했다. 감기 기운이 있는 것 같기도 했고, 잠시

라도 현실과 멀어지고 싶은 것처럼도 보였다. 그게 아니라 밤새 일자리를 찾거나 해찰하느라 피곤했는지도 모른다. 아무려나 단잠은 아닌 듯했다. 꿈틀대는 눈썹으로 보건대 차라리 무언가 견디려고 잠에 빠진 게 아닐까 싶었다. 어째선지 그 순간 꽃그늘 아래서 해를 피하는 할머니의 모습이 떠올랐다. 연상은 거기서 멈추지 않았다. 여러 번 절망을 겪은 후 다시 무언가 시도하고 결과를 기다리는 사람들의 얼굴이 다가왔다. 남이기도 했고 나이기도 했던 그 얼굴들을 나란히 떠올리며 이런 시를 썼다.

> 어제도 밤이 길었나 보구나
> 매몰차지 못해서 여기까지 데려온 거야
> 알아 넌 어둠에 있지 않아
> 꽃그늘 아래 우뚝 잠에 빠진 거야
> ―「꽃그늘」부분, 『주머니시』 38호, 2025

 누군가 웃으면 누군가 절망한다. 그게 우리 사회가 작동하는 방식이다. 기회는 제한돼 있으므로 경쟁의 불가피함을 이해한다. 그러나 또는 그래서 이기적인 줄 알지만, 나와 연이 닿은 사람들만큼은 잘 됐으면 좋겠다고 종종 바란다. 그들이 희구하는 것들을 모르지 않고, (잠시 조도가 낮아졌더라도) 그들이 내는 빛을 본 적 있으니까. 그 빛으로 하여금 어둡기만 한 나조차 밝아진 적 있으니까. 빛에 빚을 진 자로서 그들이 안온해지길 바라는 마음이 지나친 욕심은 아닐 것이다.

  예술 지원 사업의 결과는 예정된 날에 발표되었다. 그 이야기는 잠시 미루고, 아직 이루지 못한 욕망 하나를 더 말해 보려고 한다. 그것은 효도만큼이나 바라마다 않는, 나의 오랜 꿈에 관한 이야기이기도 하다.

불면

대학 때 나의 자취방에 자주 온 Y에 관해 이야기해 보겠다. Y는 문을 열어주면 한 손으로는 문고리를, 다른 손으로는 바지춤을 잡고 등장했다. 실내에 들어오면 답답하다면서 양말부터 벗는 사람을 종종 보는데 그 정도는 하수라는 듯 그는 방에 들어서자마자 바지라는 허물을 벗어 던졌으므로 탈의에 관해서는 고수의 경지에 다다른 인물로 소개하는 게 적당할 것이다. 하의가 실종된 Y는 한치 낭비 없는 몸짓으로 이불을 향해 기어갔다. 그 모습을 보고 있노라면 그가 과연 퇴행과 진화 중 어느 방향으로 기운 인간인가 자못 궁금해지기도 하였다.

그런 Y에게 한 가지 부러운 게 있었는데 금방 잠에 빠져드는 점이었다. 정말로 베개나 바닥에 뺨만 대면 잠들었다. 에이, 과장하지 맙시다. 어떻게 인간이 뺨만 대면 잠든 답니까? 의심할 분들도 있으리라고 짐작한다. 증명할 방법이 없으므로 믿어달라 할 수밖에. 대신 문을 열고 들어와 바지를 벗고 이불로 기어가 간단한 근황을 주고받은 뒤 잠드는 데까지 오 분도 채 걸리지 않았다는 더 믿기 힘든 사실만큼은 길게 설명하지 않도록 하겠다.

Y가 자고 가는 날마다 억울한 일이 벌어졌다. 왜, 그럴 때 있지 않은가? 불 끄고 나란히 누워서 낮에 있던 얘기나 뜬금없는 농담으로 깔깔대는 밤. 그런 시간 좀 보내려는 날에도 Y는 오 분 만에 코를 골았다. '내가 지금 세상 재밌는 얘기를 하려는데!' '이제 막 배경 설명 끝났는데!' 한탄해 봐야 먼저 잠든 이는 청중이 되지 못했다. 아

무리 재미난 이야기라도 육성으로 전하는 데에는 한계가 있다는 걸 배웠다. 그러므로 훗날 내가 소설 쓰는 인간이 되는 데에는 Y의 영향이 다소간 발휘되었음을 부정할 수 없으리라.

  Y와 달리 나는 바로 잠들지 못한다. 심할 때는 밤에 누워 아침에 잠든다. 중간중간 스마트폰을 들여다보거나 컴퓨터를 켜고 메모를 정리하는 일이 전혀 없다고는 할 수 없지만 가만히 누워 잠을 기다려도 어느새 밝아진 창가를 마주하고 한숨 쉴 때가 많다. 몸을 쓰지 않아서 그런가 싶다가도 육체노동이나 무리한 운동을 한 날마저 온몸이 뜨거워져서 잠 못 이룰 때가 많은 걸 보면 그냥 잠에 관한 소질이 부족한 것 같다.

  그러나 이게 또 '한 달간 못 잔 사람'이나 '일주일 동안 한 시간 미만으로 잔 사람' 정도는 아니라서 치료받은 적은 없다. 수면제 처방을 몇 번 떠올렸으나 주변의 만류와 중독에 취약한 처지를 모르지 않으므로 실행에 옮기지 않았다. 그러던 어느 날 수면제보다 안전하게 잠들기를 돕는다는 수면 영양제를 알게 되었다. 그것은 홈쇼핑에서도 팔았고, 나의 모친은 홈쇼핑을 자주 보신다. 두 가지 사실은 필연처럼 연결되었다. 작업실에 수면 영양제가 배송된 것이다. 자기 전에 따뜻한 우유를 먹는 것과 유사한 효과가 있다던데 그럼 우유를 사서 데워 마시면 되지 않나 싶었으나 안 사도 된다고 만류해도 고집을 꺾지 않는 모친의 정성을 거부할 순 없었다.

미덥지 않아도 내심 효과를 기대하는 게 나라는 인간의 모순점이다. 혹 효과가 너무 좋은 나머지 문을 열다 잠들면 어쩌지? 걱정했다. 그래도 문을 열자마자 바지를 벗는 습관이 없음에 안도하며. 결론을 말하자면 기우였다. 장복해도 잠이 오지 않는 건 매한가지였으니. 그래서 얻은 게 없는 경험이었냐고 하면 그렇지는 않았다. 나의 밤을 걱정하는 사람의 마음을 받았으니까. 그건 사라지지 않으니까.

불면은 일과 생활을 불편하게 한다. 제정신으로 살아갈 수 없기 때문이다. 목격자(주로 가족과 친구)들의 진술에 따르면 반쯤 정신이 나간 상태로 어기적어기적 걸어 다니는 내 모습이 거의 좀비와 다를 바 없다고들 말한다.

  좀비가 되어 버린 남의 아들은 인간이라면 쉬이 하지 않을 실수를 한다. 본가에 갔다가 현관 비밀번호가 생각나지 않아서 한참 서 있거나 화장실 줄눈을 닦겠다고 청소용 칫솔을 꺼내 들고는 치약을 묻힌 후 입에 가져갈 뻔↗한 적도 있다. 신호등 빨간불을 보고 당당하게 발을 내디딜 뻔↗해서 가슴을 쓸어내린 일도 기억난다. 도대체 왜 빨간불이 보행자 신호로 보였는가. 그런 순간을 대비해 순발력을 키워야겠다고 말했다가 정신이나 똑바로 차리라는 주변의 핀잔을 듣기도 하였다.

  상태가 이렇다 보니 긴 호흡의 작업을 할 때면 걱정이 많아진다. 중요한 작업을 할 때마다 불면증이 '나도 최선을 다할게!' 하며 힘을 내는 이유가 무엇이란 말인가. 비몽사몽인 상태에서 쓴 글을 다음 날 다시 보다가

비문이 이렇게 많아도 법적으로 문제없나?

싶은 적도 많았다. 이렇게 된 거 아예 하루를 더 넘기자는 계획으로 커피를 잔뜩 마시기도 하는데 예상하시다시피 억지로 잠을 참으면 예상 못 한 순간에 졸음이 몰려온다. 그럴 때 잠들면 하루가 날아간다. 이런 빈틈없이 허술한 나의 노력에 부모님은 말씀하신다.

네가 그렇게 공부했으면 서울대는 갔을 거다.

부모님의 오해를 구태여 해명하지 않는다. 제조처는 알지 못하는 DNA의 성능은 나만의 비밀로 간직해야지. 잊지 말자. 진실은 늘 괴롭고 어떤 평화는 침묵에서 온다는 것.

나의 할아버지께서는 잠이 오지 않을 때 양파 자루를 머리맡에 두고 주무셨다. 과학적 근거가 있는 방법인지는 모르겠으나 양파 자루를 가까이 둠으로써 마음이 편해지셨다면 그 또한 수면에 긍정적인 효과가 있었을 테니 아주 비과학적인 일은 아니었을 것이다. 시간이 얼마간 흐르고 더는 양파 자루가 필요 없게 되었다. 어느 겨울

영면하셨기 때문이다.

  영원이라는 긴 잠에 들기 전까지 우리는 일상이라는 시간을 견뎌야 하는지도 모른다. 그 시간을 지겹지 않게 보내려고 사랑을 하고, 일을 하고, 욕망을 품고, 꿈을 꾼다. 나는 이것이 여러 행위라 생각하지 않는다. 내게는 이 네 가지가 글쓰기 하나에 전부 포함되어 있기 때문이다. 처음 글을 쓸 때 나는 성장보다 효율에 관심이 많았다. 언제 글을 쓰면 좋은 글이 나올는지, 언제가 가장 생산성 높은 시간인지 궁리하며 아침 점심 저녁 밤 새벽까지 모든 시간을 다 써보고서야 글쓰기에 유리한 시간은 없다는 결론을 내렸다. 다만 기꺼운 시간은 있었다. 새벽이었다.

  어떤 작가들은 새벽에 쓴 글이 부끄럽다고 말하는데 나는 특별히 그렇게 느껴본 적 없다. 아침에 써도 부끄럽기 때문이다. 사정이 이러하니 결과보다는 과정을 즐기려는 마음이 있었다. 그래서 새벽이 오기만 기다리던 시절도 있다. 왜 새벽이었는가. 새벽에 찾아오는 고요가 좋았다. 고요

속에서 글을 쓰는 게 좋았다. 집중력이 높아지고 마음이 연해져서 비로소 글을 쓴다는 감각을 잊으며 글을 쓸 수 있었기 때문이다. 지금은 새벽을 붙잡으려 하지 않는다. 글을 쓰려면 독자와 비슷한 시간을 살아야 한다고 믿어서, 아침에 일어나 작업하고 밤에 잠드는 일상을 보내려고 노력한다. 다만 오랜 불면증으로 인해 생활 리듬이 망가지는 날이 종종 있다. 새벽에 눈을 뜨거나 이르게 눈을 감지 못하는 순간마다 불안과 평온을 오가며 글을 쓴다. 마치 반가운 사람을 만난 후 흘러가는 시간을 어쩌지 못하듯이. 그런 새벽을 보내고 아침을 맞을 때면 소중한 누군가를 만나고 온 기분이 든다. 다시, 긴 하루가 시작될 것이다.

아직 소년이던 때의 일이다. 그때도 밤이 오고 불을 끄면 잠들지 못했는데 이유와 증상은 지금과 달랐다. 귀신이나 강시의 공포가 유행할 나이였으나 그런 것은 무섭지 않았다. 어느 날부터 불만 끄면 갑자기 숨이 막혔고 이유 없는 불안에 시달렸다. 한동안 불을 켜고 잤다. 시간이 얼마쯤 지나고서야 불 켜지 않고도 잠들 수 있었다.

스무 살 때도 비슷한 경험을 했다. 자취방에서 친구들과 함께 자려는데 어릴 적처럼 숨이 막혀온 것이다. 곤히 잠든 친구들을 남겨두고 방을 뛰쳐나왔다. 지금 같으면 공황장애나 불안장애 같은 질환을 의심하며 치료에 나섰을 테지만, 그때는 그러한 질환의 존재조차 몰랐다. 당시 내가 한 것이라곤 가만히 앉아 어둠을 바라보는 것밖에 없었다. 밤을 이겨내는 방법이 시간을 견디거나 잠드는 것밖에 없다는 사실을 원망하며. 그러므로 불면증이라는, 지겨운 반려 병을 처음 만난 시점을 찾는 건 무리일 것이다. 아주 오래전부터 꾸준히, 나와 함께 성장해 온 것일 테니까.

불 꺼진 밤을 두려워하던 소년은 어른이 되어 남들보다 긴 밤을 보낼 때마다 이런 생각을 한다. 하루쯤 마음대로 누릴 수 있는 시간과 무엇이든 이룰 수 있는 초능력이 주어지면 무엇을 할까. 누군가는 여행을 가고, 누군가는 보고 싶은 사람을 만날 수도 있겠다. 나는 잠을 잘 것이다. 마음대로 잠들고 마음대로 일어났다가 다시 마음껏 자고 싶다. 내게는 아직 이루지 못한 잠이 많기 때문이다.

데리고 다닐 정도

 심의 결과를 기다리는 동안 취업 지원 프로그램에 참여했다. 청년을 대상으로 취업 정보를 제공하고 정서 회복을 돕는 내용이었다. 작품을 만들려면 시간이 필요하고, 작업할 시간을 얻으려면 돈이 필요하다. 두 번째 소품집 출간을 위한 제작비도 구해야 했다. 예술 지원 사업은 발표까지 시일이 남았을뿐더러 선정돼도 제작비 일부만을 지원받을 뿐이다. 작업에 집중하기엔 충분하지 않다. 평소라면 파트타임 일자리를 구하는 데 그쳤을 테지만, 그때는 근본적인 변화를 원했다. 그것이 해당 프로그램에 참여한 이유였는데, 출간 포기는 물론 작가 생활을 그만두는 것까지 얼마간 염두에 두고 있었다. 여기저기 원고를 보내고, 시간을 쪼개 연재하고, 파트타이머로 일하는 생활을 멈추고 싶었던 것 같다. 그보다 먼저, 2년간 해온 기고도 그만두었다. 주간 마감에 제법 적응한 터였고 소통을 이어온 매체 담당자와의 관계도 만족스러웠으나 고료가 충분하지 않았다. 원고에 들이는 시간에 비해 수입이 적은 것도 아쉬웠지만 그느라 밥벌이할 시간이 부족해지는 아이러니를 감당하기 어려웠다.

전업 작가에게 조언을 구하는 장면을 보면 꼭 빠지지 않는 질문이 있다.

전업이 되려면 무엇이 가장 필요한가요?

수많은 선배 작가가 이렇게 대답한다.

돈이 필요합니다. 모아둔 돈이 없다면 최소한 글로 먹고살 수 있을 때까지 생활을 유지해 줄 일(직업)이 있어야 해요. 전업은 그다음입니다.

짧은 직장 생활을 끝내고 새 직업을 찾던 나는

당장 할 수 있는 일 중 가장 기꺼운 일을 시작했는데 그게 글쓰기였다. 돈을 많이 벌고 싶어서 시작한 일은 당연히 아니었으나 이 정도일 줄은 몰랐다. 알았다면, 그러니까 (책과 유튜브 속) 선배들의 조언을 미리 들었다면 달랐을까? 그렇지는 않았을 것이다. 아무리 말해 준들 반박했으리라. 열심히 하면 뭐든 극복할 수 있다고 굳게 믿었으니까. 시작할 적만 해도 내겐 그럴 자신이 있었다.

그러나 작가의 조건이 다른 직업을 갖는 것이냐고 묻는다면 단언하지 못할 것 같다. 사람마다 사정이 다르다. 형편과 관련해서는 '평균'이나 '보편' 같은 말도 함정에 불과하다. 당사자가 아니면 정확히 알지 못하고, 수치를 안다고 해도 그 사람의 자질이나 미래를 모르면서 한 가지 선택지밖에 없다고 말할 자신이 없다. 물론 내 사정은 안다. 연초에 보낸 뉴스레터에 새해 소망에 관한 내용을 쓴 적 있다. 부끄럽다는 이유로 내용을 밝히지 않았는데 요약하자면 이렇다.

글 걱정만 하면서 살고 싶다.

작가로 살아가는 최선의 방식은 글 써서 돈과 시간을 벌고, 다시 글을 쓰는 순환 속에 사는 것이다. 그래서 (바쁘지 않거나 수입이 부족한) 프리랜스 작가는 모르는 번호로 전화가 걸려 올 때 어지간해선 피하지 못한다. 내 경우, 협업 문의나 업무 요청이 거의 이메일로 오는 데도 스마트폰 화면에 생경한 번호가 뜨면 목소리를 가다듬는다. 원고 청탁이나 연재 제안일지도 모른다는 기대 때문이다.

몇 해 전 일이다. '070'으로 시작했다면 무시했을 텐데 '010'으로 시작하는 바람에 통화 버튼을 눌렀다. 저쪽에서 들려온 말은 어딘가 이상했다. 어느 지방 검찰청에서 전화했다는데 대뜸 김용식 씨를 아느냐고 묻는 것 아닌가. 모른다고 했더니 그럴 줄 알았다는 듯 긴 설명을 늘어놓는 검찰청 아저씨. 김용식이라는 사람을 검거했는데 그 사람이 내 명의 통장으로 거래한 사실이 있더란다. 명의도용인지, 공범인지를 가려야 하니 몇 가지 조사해야 한다고 더듬더듬 덧붙이는데, 내용도 황당하고 말투도 이상해서 나도 모르게 풉, 웃고 말았다. 그랬더니 대번 전화를 끊는 것 아니겠는가. 검색해 보니 당시 유행하던 전화 금융사기 레퍼토리였다. 김용식이라는 이름마저 자주 사용한 모양인데 양심은 물론이고 성의까지 없다는 생각이 들었다.

  비슷한 사례가 하나 더 있다. 스마트폰을 개통하려는데 신규 가입이 불가했다. 알고 보니 누군가 내 명의로 알뜰폰을 개통해 다량의 스팸 문자를 보내다가 적발돼 개통이 정지된 상태라고. 매장을 방문해 팩스를 보내고 고객센터로 전화한 뒤에야 사건이 일단락되었다. 이 글을 쓰는 지금도 자꾸 스팸 문자가 온다. 뭘 사라고, 가입하라고 부추긴다. 어떤 문자는 정부지원금이라고 소개하다가 사실은 대출이라는 반전의 문장을 선보여 문학적 감동을 주기도 한다.

  나 역시 출간이나 온라인 연재를 시작할 때 소위 '영업'에 나선다. 작품을 설명하는 건 어렵지 않지만, 독자의 관심을 유도하는 건 늘 어렵다.

그런 면에서 내가 참여한 취업 지원 프로그램의 담당자는 '영업'에 능숙한 사람 같았다. 첫 인터뷰에서 꺼낸 프로그램 설명부터 인상적이었다.

과거엔 청년 실업을 개인이 극복할 사회 문제로만 바라보았는데요. 이제는 사회가 해결해야 할 문제로 보기 때문에 이러한 지원 프로그램을 진행하고 있습니다.

국가는 취업을 원하는 이들에게 직무 교육과 취업 정보를 제공하고, 기업에는 재정 일부를 지원하거나 특정 계층 구직자를 구인할 시 혜택을 준다. 실업 문제 해결 기조가 보통 이러한데 회사 밖에서 일하는 이들, 특히 프리랜스 예술가에게는 해당하지 않는 경우가 많다. 그래서 나는 고정 급여를 받는 동시에 개인 작업에 필요한 시간이 보장되는 일자리를 찾고 싶었다. 월급은 계획을 세울 기회를 주고, 내 삶이 안전하다는 기분을 주기도 한다. 그러한 바탕 안에서 작업하며 사는 것. 내게 필요한 건 단순히 생존이 아니라 바로 그런 것이었으리라.

취업 지원 프로그램 일정이 절반쯤 지났을 때였다. 혼자 밥을 먹다가 버럭 화를 냈다. 그런 분노가 내 안에 남아 있다는 게 믿기 힘들었다. 화낸 이유는 더 황당했다. 먹어도 먹어도 밥이 줄지 않아서, 그게 너무 지겨워서 참지 못한 거였다. 배부른 소리가 아닐 수 없다. 한때는 생에 감사하는 마음이 있었다. 내가 가진 것 중 당연한 건 없으므로 아프지 않고, 하고 싶은 일을 하며, 소중한 사람들과 더불어 살아가는 오늘이 가장 행복한 날이라고 생각했다. 지금은 내가 나의 지도자가 돼 버렸다. 자꾸 나를 다스리게 된다. 화내지 말아야지, 슬프지 않아야지.

취업 지원 프로그램 중에는 정신 건강 상담도 있었다. 간단한 검사가 끝난 뒤 마주한 상담사가 난감한 얼굴로 정신보건센터 정보지를 건넨다. 기관과 연결해 주겠다고, 꼭 연락해 달라면서. 대학에 다닐 때도 비슷한 일이 있었다. 어느 날 조교실에 호출되었다. 가 보니 학부생 전체를 대상으로 한 조울병 검사에서 위험 수위가 나왔단다. 걱정하지 않았다. 검사받은 날이 애인과 이별한 다음 날이었기 때문이다. 지난겨울 상담사 앞에서도 나는 걱정하는 대신 생각해 보겠다고 말했다. 그 후로 연락한 적은 없다. 그가 보여준 선의와 우려를 무시해서가 아니다. 수많은 연구자가 만든 지표와 치료법을 불신하지도 않는다. 다만 나의 기준이 세상이 말하는 위험의 기준과 다르다고 판단했을 뿐이다. 세상과 나는 원래 좀 안 맞아서.

그날 상담사가 물었다.

자신을 사랑해요?

잠시 우물거리다 대답했다.

데리고 다닐 정도는 되는 것 같습니다.

그게 무슨 말이에요?

정말 싫으면 먹이고 입히고 데리고 다니지 않을 것 같아요. 평생 제가 데리고 다니는 걸 보면, 그래도 버려두지 않는 걸 보면 그 정도는 좋아하는 게 아닐까 합니다.

그건 사랑보다는 책임감 같은데요?

상담사의 반응에 대답 없이 웃었다. 이런 말은 숨긴 채. 책임질 만큼은 사랑하는가 봐요.

　살아보니 책임의 시작은, 더 나은 나를 만들기가 아니라 지금의 나라는 현상을 수용하는 것부터였다. 인정해야 했다. 나에게 필요한 건 궤도 이탈이다. 다른 방향으로 발을 내디뎌야 한다. 그런 생각으로 오 주간의 일정을 수료했으나 효과는 미미했다. 무용한 시간은 아니었다. 많은 사람을 만나며 사회적 감각을 회복했고, 이제 와 다른 길을 걷기엔 너무 멀리 왔다는 사실을 배웠으므로. 수료 후 사흘이 지나고 예술 지원 사업 결과 발표 당일이 되었다. 이번에도 빈손이라면 이번에는 무엇을 긍정해야 할지 골몰했는데 저녁이 다 돼서도 웹사이트가 조용했다. 기다리다 지쳐 여기저기 청소하다가 다시 자리에 앉았다. 여덟 번째 새로고침. 드디어 빈칸이 채워졌다. 청년 예술 지원, 문학, 선정자…… 거기에 내 이름이 있었다. 문학으로부터 온 첫 응답이었다.

인생의 버팀목이 오는 순간

존 윌리엄스 『스토너』

팔 년 전 출간된 소설이 다시 주목받고 있다는 기사를 읽었다. 좋은 책은 시대를 막론하고 끊임없이 재발견되는데 이 작품 역시 그러한 운명을 타고난 듯하다. 1965년 발표 후 오십 년 만에야 '읽히는 소설'이 된 『스토너』(Stoner, 존 윌리엄스)의 이야기이다. 국내에 초판본이 나온 것도 삼 년 전이고, 특별히 새로운 소식도 없는데 이 소설은 왜 재소환된 것일까. 한 온라인 방송에서 언급되었기 때문이란다. 이유가 무엇이든 반갑다. 얼마 전 이 소설을 다시 읽다가 함께 나누고 싶은 질문을 기억해 냈기 때문이다. 소설에서 내가 겪은, 오래된 질문 하나를 건네 보려고 이 글을 쓴다.

『스토너』는 한 인간의 생애를 다룬 소설이다. 이렇게밖에 설명하지 못하는 까닭은 쉽게 요약할 수 없는 작품이라서다. 그렇다고 구체적인 서사를 옮겨 쓸 필요까지는 없을 것 같다. 평범과 비범, 인생이라는 짧고도 긴 시간, 최후의 허무, 문학의 아름다움과 그것에 빠진 인간의 욕망과 기쁨과 고통 등도 말하지 않으려고 한다. 그러한 주제로 쓰인 글은 충분하며 그보다 특별한 의견을 제시할 자신이 없기 때문이다. 여기서는 '스토너'가 겪은 '그 순간'에 주목해 보자. 어떤 순간인가. 스토너가 셰익스피어의 소네트를 들으며 (발화자는 '아처 슬론' 교수이다) 문학이라는 세계에 운명처럼 빠져드는 순간을 말한다.

나는 내 멋대로 그 순간을 '스토너적 순간'이라고 부른다. 마음대로 명명한 김에 한 가지 더. 함의를 확장해 본다. 요컨대 '나'의 인생을 지탱할 무언가, 모든 것을 잃어도 지키고 싶은 한 가지, 존재의 의미, 평생의 지지대 등 거창한 표현을 가져와도 무방한, 이 표현 전부에 해당하거나 일부라 해도 당사자의 인생에 가장 큰 비중을 차지하는, 그런 대상이 다가오는 순간을 나는 '스토너적 순간'이라고 믿는다. 당연히 그 대상은 정해져 있지 않다. 한 사람의 생에 버팀목이 된다면 무엇이든 해당하리라. 이쯤에서 건네는 질문. 선생님께서 겪은 '스토너적 순간'은 언제였으며 그 대상은 무엇이었습니까?

질문을 드렸으나 지면으로는 대답을 들을 수 없으니 조금 다른 이야기를 해보려고 한다. 흥미로운 논쟁 중 하나. 스토너의 인생은 과연 행복했는가 아니면 불행했는가. 한 인간의 생을 행불행으로 판단하는 건 불가능하다. 누구나 알고 있듯 인생은 그보다 복잡하기 때문이다. 간신히 말해본다면 나는 스토너의 생이 불행보다는 행복에 더 가까웠다고 생각한다. 반론이 있을 것이다. 주로 결혼 생활과 사내(학교) 정치의 실패를 근거로 제시할 텐데, 내 대답은 이러하다. 사는 동안 자기 내면을 깊이 만나왔다는 점에서, 인간으로 남을 수 없는 위기를 겪지 않았다는 점에서 그가 불행하지만은 않았으리라.

다만 스토너에 자신을 투영하여 연민하다가 바로 그런 점 때문에 '인생작'이라고 말하는 분들의 마음을 존중한다. 그 마음이 어떤 마음인지 정확히 알지는 못하므로 이렇게 짐작해 본다. '참는 인간'에 대한 본능적인 동질감 아닐까. 스토너는 인생에서 많은 것을 감내했고, 잠시간 욕망을 부리다가도 더 중요한 것을 잃게 될 것 같으면 제자리로 돌아왔다. 특별한 이야기는 아닐지도 모른다. 정도의 차이는 있겠으나 우리의 인생도 그럴 테니까. 인생이 무언가를 참고 견디는 여정이라면, 그게 사실이라면 우리에게는 '스토너적 순간'이 더욱 절실해질 수밖에 없으리라.

인생의 버팀목이 오는 순간을 겪지 않고는, 그러니까 자기 존재에 대한 의문을 지워줄 '무언가'를 만나지 못하면 인생은 하염없이 길어지고 외로워질 테니까. 물론 버팀목을 만난다고 모든 것이 해결되지는 않는다. 인간은 변덕스럽고 거의 매일 흔들린다. 자기를 지탱하는 대상마저 의심하고 외면한다. 나도 그렇다. 흔들릴 때마다 스스로 들려주고 싶은 말이 이 소설 안에 있다. 전쟁이 발발하자 입대와 잔류 사이에서 고민하던 스토너에게 슬론이 건넨 말. 자신이 누구인지 잊지 말라는 의미를 담은 대사이다. 왜 그 말인가. 버팀목을 버팀목으로 남게 해주는 말이기 때문이리라.

(2023. 06. 22.)

부기
　이 글을 쓸 때까지만 해도 다시 내게 그런 순간이 찾아오리라고는 믿지 못했다. 남들에겐 작은 일도 나에게는 큰일일 때가 있다. 예술 지원 사업 선정이 내게 그랬다. 왜? 다시 흔들리더라도 한 시절 나를 지탱해 줄 버팀목이 돌아온 것이기 때문이리라. 내 인생에 반감을 품은 시기에 다가온

버팀목은 다음 두 문장을 스스로 믿게 하였다. 과거가 나를 돕는다. 시간은 비선형이다.

소품실

1

 불과 십여 년 전까지만 해도 허허벌판이었다. 드문드문 밭이 있긴 했으나 경작지로 보기엔 출하량이 적었다. 민가나 유동 인구는 물론 건물조차 몇 없던 땅이었다. 식빵의 테두리처럼 대전의 변두리에 가깝던 이곳이 변하기 시작한 건 신도시 개발 사업에 포함되고부터였다. 처음엔 너덧 채에 불과하던 주거 시설이 점점 그 수를 늘려가더니 이제는 빌라촌이 되었다. 방문객과 상점도 늘어났다. 주말이면 차를 타고 카페를 방문하는 사람들로 분비고, 근방에 편의점도 여섯 개가 넘으니 그야말로 격세지감이라는 표현이 어울리는 땅이 된 것이다. 그 땅 위로 즐비한 다가구주택 중 이름 없는 한 건물에 나의 작업실이 있다.

  1층에는 집주인이 운영 중인 사무기기 대여 업체가 있다. 2·3층은 주거용인데 총 다섯 세대가 산다. 네 개의 방은 투룸. 나머지 하나는 속칭 '1.5룸'이며 이 글을 쓰고 있는 곳이기도 하다. 친구들은 이곳을 '작업실'이라고 부른다. 주로 내 위치를 파악할 때 말한다.

  어디야? 집? 아니면 작업실?

  반면 가족들은 '너희 집'이라고 부른다. 혼자 지내는 곳을 '너희'로, 그러니까 복수형으로 부르는 것도 이상하나 그보다 의아한 건 '집'이라는 단어. 매일 먹고 자는 곳이니 집이 아닐 수 없으나 대부분의 시간을 작업하며 보내니 집만으로 한정하면 불충분하게 느껴진다. 절충할 단어를 모르고, 작업공간이 필요해서 얻은 방이므로 나 역시 친구들처럼 작업실로 부르는데 글 쓸 때는 '소품실'이라는 이명을 사용한다. 이유나 의미는 찾지 말자. 이곳은 명패도 없고 소품을 보관하는 장소도 아니다. 동명의 블로그를 운영 중이고 소품집 시리즈를 출간한 걸 보면 다만 내가 그 단어에 꽂힌 듯하다. 소품이란 무엇인가. 사전 정의는 이러하다. 1. 규모가 작은 예술 2. 변변치 못한 물건. 규모가 작으면 변변치 못한 걸까? 그 말 그대로 변변찮은 작품을 지으며 사는 곳이니 나로선 따지고 들 형편은 안 된다. 어차피 이름은 중요하지 않다. 목적이 중요하다. 그러니까 내가 이곳에 기거하는 이유는…….

2

그럼 잘 부탁드릴게요.

전화를 끊고서 1층으로 내려간다. 건물 앞에 주차된 하늘색 레이의 뒤 편으로 다가가자 눈썹이 짙은 사무실 직원이 알은체한다.

안녕하세요. 이건가요?

물으며, 가져온 면장갑을 낀다. 트렁크 안에는 커다란 인쇄기가 들어 있다. 짙은 눈썹을 가진 직원은 두 사람이 들어 옮길 수 있도록 인쇄기를 트렁크 끝으로 능숙하게 끌어당긴다. 그러고는 문진을 닮은 두 개의 손잡이를 잡는다. 반대편에 선 나도 따라 한다. 으흡. 인쇄기를 들자마자 등에서 땀이 터진다. 세 걸음만 가면 목적지인데 한 발 떼기도 버겁다. 이것이 인생의 무게인가.

한걸음, 한걸음 또 한걸음. 그리고 마지막 한 걸음을 더 가서야 인쇄기를 사무실에 들여놓는 데 성공한다. 고생하셨다는 직원의 말에 별거 아니라고 허세 부려 보지만 이마에선 정직하게 땀이 흐른다. 나를 땀나게 한 인물은 1층 사무실 사장이자 셋방 집주인. 오랜만에 집에 가려는데 그에게서 전화가 걸려 왔다. 직원 대부분이 외근 중이니 혼자 남은 직원을 도와 짐 하나만 옮겨줄 수 있느냐고 물었다. 이곳에서 지낸 지도 육 년이 넘은 유사 지박령으로서 아래층 이웃이자 집주인의 부탁을 외면할 수 없었다. (사실 자주 이런다.)

직원이 갑자기 퇴사하는 바람에 요즘 정신이 없네요. 기억하시죠? 전에 있던 키 큰 직원이요.

아, 알죠.

눈썹 직원이 너무 가족같이 물어오는 바람에 모른다고 말하지 못한다. 장신 직원은 왜 그만둔 걸까. 뭐 이유가 있겠지. 내가 짧은 직장 생활을 그만두었을 때도 이유는 있었다. 오늘 같은 내일을 보낼 자신이 없었다. 사정도 넉넉지 않은 주제에 셋방을 얻은 이유도 그랬다. 일과 생활이 섞인 공간은 참을 만했는데 가족의 생활과 나의 일이 섞일 때는 감당이 되지 않았다. 폐 끼치는 기분이 들었고 일에도 온전히 집중하지 못했다. 내가 일을 들고 나가는 게 서로에게 최선이라 판단해 이곳으로 떠나오게 된 거였다.

3

집과 소품실은 도보로 이십 분 거리에 있고, 그

사이엔 상가가 형성돼 있다. 극장, 식당, 병원 그리고 다이소. 다이소에 다녀오면 매번 아쉬움이 남는다. 불필요한 것을 사 오거나 필요한 것을 사 오지 않아서. 오늘은 욕실 슬리퍼를 깜빡했다. 그걸 사러 다이소에 갔는데 정작 그것만 안 사 왔다. 다시 다녀와야 하나. 쿠팡으로 주문할까. 머리 굴리면서도 눈으론 방안을 살핀다. 시선을 사로잡은 건 본가에서 온 은나노 청소 세제. 혹시, 하는 마음으로 솔에 세제를 솔솔 뿌려 슬리퍼를 닦아 본다. 잘 닦인다! 은나노 세제의 대단함을 발견하지 못했다면 슬리퍼는 버려졌을 터. 세상엔 배울 게 많다는 사실을 이렇게 또 배운다.

혼자 생활하며 배운 건 그뿐만이 아니다. 변기를 얼마나 자주 닦아야 하는지, 물때가 얼마나 고집스럽고 유연한지, 눈으로 보는 볕과 빨래가 잘 마를 정도의 볕은 얼마나 다른지, 몇 번의 계절을 겪으며 배운 것들이다.

환절기가 끝나고 온전한 가을이다. 옷장 문을 열고 이불을 꺼낸다. 이곳에 사계절 이불이 전부

모일 줄이야. 웬만한 짐은 본가에 가져다 놓으려고 했건만. 단출한 살림을 유지하겠다는 의지와 달리 뭔가 자꾸 늘어난다. 하나둘 채워지는 느낌보다는 이고 가야 할 게 많아지는 기분. 온전한 내 살림이 아직도 내겐 낯설다. 소품실을 얻기 전에도 대학 시절 내내 자취했으니 혼자 살아온 햇수가 짧은 편도 아닌데 프로 살림꾼이 되기엔 먼 것 같다. 언제쯤 살림이 쉬워질까. 엄마는 대체 얼마나 위대하신 거지?

    이불을 정리하고 창가에 말려 놓은 슬리퍼를 욕실로 옮긴다. 바닥에 흩날린 털이 눈에 들어온다. 이런 순간마다 내가 민들레 인간일지도 모른다는 의심이 든다. 어서 작업해야지, 마음먹어도 털이 너무 거슬린다. 서둘러 욕실 바닥을 청소하자 피곤이 몰려온다. 터덜터덜 침실로 향한다. 따로 방이 있는 척해 보지만 중문을 넘었을 뿐. 몸을 옆으로 돌려 침대와 책상 사이를 빠져나간다. 눈 뜨면 출근이고, 고개 돌리면 자고 싶은 이곳에서 또 하루 성실히 나이를 먹는다.

혹시 창문 좀 닫아줄 수 있어요?

침대에 누워 스마트폰을 보는데 집주인에게서 전화가 왔다. 외근을 나온 자신을 대신해 위층 창문을 닫아달라는 부탁이다. 입주 청소를 끝내고 창문을 열어 두었는데 날씨가 문제란다. 창밖에선 비가 내리고 있다. 가야지 지박령.

집주인이 알려준 비밀번호를 누르고 방에 들어선다. 내 방과 구조는 다르지 않으나 평수가 달라서 그런지 어딘가 생경하다. 창문을 전부 닫고서 잠시 방을 둘러본다. 1.5와 2는 무엇이 다른가. 어렵지 않게 정답을 찾아낸다. 내 방엔 없고 여기엔 있는 것. 그것은 침실.

아직 내 몫은 화장실밖에 없어.

얼마 전 이사한 D가 그런 말을 한 적 있다. 나머지는 은행 몫이라면서. 다른 친구들도 비슷한 처지인 듯했다. 그런 얘길 들을 때마다 나는 나이에 어울리지 않게 천진해진다. 집은 내 선택지에 없다는 듯 눈만 끔뻑이고.

작업을 위한 임시 거처가 아닌 온전한 내 집은

상상해 본 적 없다. 아니 있나. 그렇다고 해도 아주 먼 과거의 일. 작업실에서 관해서는 종종 상상했다. 입주 전까지만 해도 '작업실' 세 글자만 들어도 마음이 덜컥 내려앉았다. 그곳에서 하는 일이라곤 작업이 전부일 텐데, 갖고 싶어도 갖지 못하니 좋게만 보였던 것 같다. 욕망의 실현을 상상하는 일이 그렇다. 무언가 뜨거운 게 있다. 말 나온 김에 미래의 내 집을 상상해 본다. 거기엔 자기만 하는 방도 있기를. 은행 소유 침실에는 컴퓨터를 두지 않을 거다. 책은 가득 두어야지. 천장에 작은 영사기를 설치해도 좋겠다. 창문에는 크고 보드라운 검은색 커튼을 달 거다. 생각만 해도 잠이 쏟아진다.

4

네 작업실에서 자도 되지?
D가 묻는다. 오늘은 고등학교 동창 모임일. 우

리를 만나자고 먼 길을 왔고, 이 지역에 머물 곳 없는 D의 요청이 이상한 일도 아닌데 나는 조금 당황한다. 마치 어린 시절, 학교에 장학사가 온다는 소리를 들었을 때처럼.

근데 장학사가 구체적으로 뭐 하는 사람이야?
교육계에 몸담은 K에게 묻는데 J가 대답한다.
위생 점검?
음. 사단장 같은 거구나.

소품실엔 방문자가 거의 없다. 가족도 발을 끊은 지 오래고, 친구들도 오지 않는다. 인구 총조사원이나 가스 검침원이 아니라면 내가 거부하기 때문이다. 더구나 평소 잘 정리하고 살지만(진짜다!) 일이 바빠지면 살림에 쪼끔 소홀해지는데 하필 지금이 그렇다. 이런 시기에 방문 예약이 들어오면 마음이 바빠진다. 청소야 하면 되지만 보다 근본적인 문제가 있다. 여기는 여기저기 눈물이 많다. 고백하자면 눈물 맛집이다. 혼자 사는 곳은 혼자 울 수 있는 곳. 이곳은 소금기 가득한 밀실이라서 다른 사람에게 보여주기가 부끄럽다. 그러면서도 자꾸, 문을 닫고 내면을 늘어놓는다. 일 많고 마음 복잡한 요즘엔 (나처럼) 이곳의 상태도 영 좋지 못하다. 이제 소품실은 나의 일부 같다. 아니 내가 소품실의 일부인가. 어느 쪽이든 한 사람 몫이다. 간혹 외롭겠다거나 답답하겠다는 말을 듣는데, 천만의 말씀. 혼자가 편한 사람은 혼자서도 불완전한 기분이 들지 않는다. 팬데믹 시절에도 슬프고 불편했지만, 혼자를 견디는 건 어렵지 않았다. 통증 없는 확진자 몇몇이 내게 전화로 하소연하곤 했는데 이해는 해도 공감은 하지 못했다.

벌써 삼일이나 밖에 안 나갔더니 진짜 힘드네.

익숙해지면 괜찮을 거야.

이 말은 사실이기도 하고 아니기도 하다. 나와 비슷한 성향의 사람들에게는 괜찮은 일이겠지만 사람으로부터 살아가는 힘을 얻는 사람들에게는 힘든 일이겠지. 실제로 그 시기에 고립으로 인해 우울증이나 약물 중독으로 어려움을 겪는 사람들이 있다는 기사도 본 적 있다. 한 달쯤 소품실에 틀어박혀 원고를 쓰곤 하는 내가 그들의 마음에 공감하기란 어려울 것이다. 이런 내게도 아쉬움은 있다. 더는 특정 소리를 들을 수 없다는 것. 어떤 소리인가. 늦은 새벽, 물 마시러 주방에 갔을 때 방마다 들려오던 가족들의 잠든 숨소리.

5

 소품실에 입주할 적만 해도 옆방에 사람이 사는 줄도 몰랐다. 도어락 소리만 간신히 들릴 만큼 조용한 이웃이 살았기 때문이다. 나 역시 소리 내지 않고 산다. 그래서 우리는 서로를 모른 채 잘 지낼 수 있었다. 조용한 이웃을 곁에 둔다는 건 오복의 출발. 오복이란 무엇인가. 오래, 부유하게, 건강하게, 베풀며 살다가 깨끗하게 죽는 것을 말한다. 이웃이 조용해야 가능한 일들이다. 다리를 자주 떨어서 그런가. 나의 복이 달아나고 말았다. 옆방에 한 부부가 이사 오고부터였다.

옆방은 내 방과 달리 투룸. 내 방에서 못 할 일을 할 수 있다. 가령 둘이서 살기, 반려동물 기르기, 손님 초대하기. 둘은 할 수 있는 일에 최선을 다했다. 어느새 셋이 되었다. 아기 고양이는 비명으로 입주를 알리더니 밤마다 까랑까랑 울었다. 가끔 나도 따라 울었고. 복도에서는 초인종 소리가 자주 들렸다. 술잔치의 신호음이었다. 옆방의 술잔치는 두 가지 성격의 소리를 냈다. 하나는 환희. 웃음과 고성이 끊이지 않았다. 다른 하나는 분노. 다툼과 고성이 이어졌다. 경찰이 온 적도 있다. 신고자는 옆방의 둘 중 하나. 한 사람이 한 사람을 두고 가면서 뭔가 가져갔다던데. 추억이 아니었나 봐. 여하간 얼른 화해하기를 경찰과 나는 새벽 내내 바랐다.

떠난 사람은 이틀 만에 돌아왔고 잠시 멈춘 술잔치도 재개되었다. 세상엔 이웃의 평화를 위해 화해하지 않아야 할 관계도 있다는 걸 그때 처음 배웠다. 옆방에서 환희에 찬 소리가 들리면 궁금했다. 뭐가 저리 신났을까. 벽이라도 두드릴까 하다가 그만두었다. 큰 사람은 그러지 않지. 작은 방에 살아도 나는 거인이니까. 독거인.

혼자는 둘이 내는 소리를 이길 수 없으므로 귀를 막았다. 노래를 들었다. 소리로 소리 막기. 도와줘요, 애플 뮤직.

이따금 지인들을 만나 그들을 험담했다. 그러면 걱정인지, 흥미인지 모를 표정을 한 얼굴들이 바짝 다가왔다. 아마도 내 입에서 살기를 느꼈던 것도 같다. 그만한 도파민이 또 없지.

경찰에 신고해요, 주인에게 말해요, 메모지에 편지를 써서 문에 붙여 봐요, 벽을 부숴 봐요, 나를 불러요, 불을 질러 줄게요, 당신도 가서 같이 놀아요. 아름답게 이어지는 조언을 가만히 듣다가 내가 말했다.

완벽한 해답이군요! 몇 개는 뉴스에서 본 것 같지만요.

그러자 잠자코 있던 한 사람의 목소리.

그걸 당신이 참는다고요? 말도 안 돼.

부딪치기 싫어서 모른 체했을 뿐인데 주변 사

람들은 그런 내가 신기했던 것 같다. 하긴. 예전엔 항의도 곧잘 했었다. 일이 생기면 같이 가서 말해달라는 요청을 받기도 했다. 지금은 참는 게 익숙해서 안 참는 게 안 된다.

두 해가 지나고. 외출하는데 1층 사무실에 있던 집주인이 물어볼 게 있다면서 나를 불렀다.

혹시 요즘 밤에 많이 시끄러워요?

요즘이요? 글쎄요…… 옆집 분들 이사 가고부터는 계속 조용하던데요.

옆집? 아, 그 부부요? 그분들 시끄러웠어요?

나는 웃음을 참으며 말했다.

아무도 말을 안 했나 보군요. 엄청났죠. 그때는 정말 굉장했는데요. 지금은 누가 있나 싶을 정도로 조용해요.

내게 다시 복이 왔다, 거의 광복이다. 그때까지만 해도 그런 줄 알았다. 며칠 후 집주인의 질문을 이해했다. 누군가 밤마다 소리를 지른다. 이번엔, 위층이다.

6

　운전하던 S가 갑자기 경로를 이탈한다. 잠시 후 골목길에 차를 세운 그가 말한다.
　오늘 로또를 안 샀지, 뭐야.
　고개 돌려 보니 복권 가게가 보인다.
　아무래도 돈이 나를 미워하는 것 같아. 그러지 않고는 설명이 안 될 일이 너무 많거든.
　술자리 계산을 앞두고 이런 소리 하는 사람은 십중팔구 지갑이 가벼운 사람일 것이다. 벌써 변명을 시작하는 거지. 아닌 게 아니라 이번 달엔 일이 많았는데 수입은 그렇지 못했다. 그러니까 변명의 주인공은 나. 사정을 잘 아는 S는 대수롭지 않아 하는데 나는 태연하지 못하다. '주고받음'은 붙여 쓰는 말. 억지로 떼어 놓을 수 없다. 아무리 가까운 사이더라도 신세 지는 기분은 불편하다. 나는 '지불 놀이'가 더 즐겁다. 우리가 먹고 마신 걸 서로 지불하겠다고 다투는 놀이. 그건 돈의 무서움을 모를 때만 즐기던 유희였다. 한 후

배의 생일 술자리가 기억난다. 술 마시려고 돈을 벌던 시절 돈 벌다가 약속에 늦은 날.

  그래서, 누구 생일이라고?

  얼렁뚱땅 축하하고 자리에 앉는데 다들 겉옷을 걸치기 시작했다. 테이블을 보아하니 자리를 옮기려는 듯했다. 나는 마지막에 추가했으나 배불러서 남긴 것으로 추정되는 골뱅이를 안주 삼아 소주 두 잔을 마시고 먼저 일어났다. 마음을 물질로 표현하는 걸 좋아한다. 생일 선물도 못 사 왔으니 술이라도 사주려고 계산대로 향하는데 한 친구가 따라붙었다.

  설마 네가 계산하는 거야.

  말끝이 내려갔으니 질문은 아니었으리라. 그런 날들이 좀 있었는데 돈과 사이가 나빠진 지금은 주변에 신세 지고 산다. 그게 불편해서 멀어진 인연이 많다. 전화를 피했고 모임과 여행을 앞두고는 미리 아팠다. 경조사도 부담이었다. 결혼 소식을 들으면 축의금과 결혼식에 입고 갈 옷과 여유 있는 표정까지 준비할 것이 많아서 난감했다.

내 사정은 그들의 결혼식을 멈출 명분이 되지 못하므로 축하 대신 작별을 택한 적 많았다. S에게 이 얘길 하자 애인 없는 그가 말한다.

   그래서 내가 결혼을 미루고 있잖아.

   ……그렇다고 해두고 계속 말하자면 나는 가난하다. 그러나 가난이라는 단어를 써도 될지 망설인다. 창피나 수치는 문제가 아니다. 파트타이머로 일하거나 주변에 손 벌리더라도 끼니를 거르지 않고, 월세도 밀리지 않는 내가 가난을 운운해도 되나 싶어서다. 그러면서도 주변에 신세 질 때면 어김없이 가난한 얼굴을 한다. 이런 나를 미워하지 않는 건 정말 어려운 일.

   가난은 양말 같다. 작정하고 눈길 두면 보이지만 바닥까지는 아무나 볼 수 없다. 긴 시간 갈아신지 못하면 피부에 눌어붙는다. 그런 채로도 걷는다. 들키기 싫은데 때때로 들킨다. 가령 좌식 식당에 갈 때. 나는 신발 벗고 들어가는 식당엔 가지 않는다.

   아, 5등도 안 됐네.

S는 스마트폰을 테이블에 내려놓으며 한탄한다. 나는 그럴 필요가 없다. 로또를 사지 않았으니까. 가진 것도 없는 주제에 로또도 안 사는 나, 이대로 괜찮을까? 소품실과 내 곁에 남은 사람들을 지켜낼 수 있을까?

언젠가 엄마가 사주를 보고 와서 말해주셨다.

넌 나중에 큰돈을 벌게 된다더라.

나중은 아직 오지 않았다. 도대체 언제 오는 거지. 사후라면 곤란한데. 아아 어쩌면 죽기 직전 명작을 남길 운명인지도 모른다. 나는 써보지도 못할 그 많은 인세는 다 어쩐담. 고민이 생겼다. 유산은 누구에게 남겨야 하는가. 일단 오늘은 S가 술을 사줬으므로 그도 후보로 올려둔다.

7

소품실은 원래 S가 살던 곳이었다. 방을 구할 때 나도 함께 있었다. 주변 원룸을 돌다가 이 방을 발견했는데 중개인이 보여준 방 중 크기나 월세 면에서 가장 나은 매물 같았다. 나는 S에게 이 방이 제일 괜찮아 보인다고 말했고, 그의 생각도 비슷했다. 이튿날 나는 두루마리 화장지를 들고 방을 다시 찾았다. 같이 커튼을 달고 책상을 조립하고 짜장면을 먹었다. 친구가 집 근처로 이사 왔다는 사실에 조금 들떠 있었다. 이 년 뒤부터 내가 살게 될 방이라곤 조금도 짐작하지 못한 채.

가족과 함께 사는 아파트에서 방문을 닫고 일하던 때였다. 거기서도 책을 만들고 연재하는 날들이 이어졌지만 내 세계의 운전대를 잡고 산다는 기분이 들지 않았다. 더 늦기 전에 제대로 해보고 싶었다. 온전히 집중해 내 작품을 짓고 싶었다. 방을 얻어 나가면 금방은 아니더라도 머지않아 그게 될 것 같았다. 그런 기분이 들자 멈출 수 없었다. 방을 알아보기 시작했다. 주거할 수 있되 집과 가깝기를 바랐다. 공동 작업실도 알아봤는데 마땅한 곳이 없었다. 그러는 와중에 S에게서 전화가 왔다.

네가 여기서 사는 건 어때? 첫 달 월세는 내가 내줄게.

S는 이사를 앞두고 있었다. 계약 기간이 남아서 세입자를 직접 구해야 하는데 찾지 못해서 난감한 처지라고. 내가 그 방을 계약한다면 그도 집주인에게 한 달 치 월세를 주지 않아도 되니 그 돈을 내게 주겠다고 한 거였다. 고민 끝에 나는 그가 살던 방을 계약했다. 그날 밤. S가 내게 봉투를 내밀었다.

잘되라고 주는 거야.

나는 봉투를 손에 쥔 채 머뭇거렸다. 괜찮다고 돌려주지도, 이사하느라 많이 썼으니 아껴두라고도, 고맙다며 웃지도 못한 채 어색하게 서 있다가 말했다.

받지 않아야 하는데 미안하다.

작업실 입주 전날 밤. 아홉 시를 조금 넘기고서 선잠이 들었다가 깨보니 열두 시였다. 침대에 앉아 있는데 이유 없이 눈물이 났다. 처음 내 방을 갖게 된 건 중학교 때였다. 부모님이 맨손으로 이룬 우리 집. 그리고 나의 방. 아무것도 하지 않고 얻은 행운을 즐겁게 누렸다. 그 방에서 대학에 갔고, 졸업하고 돌아와 여러 해를 일했다. 그러고도 손에 쥔 게 없어 주변의 도움을 받아 작업실에 입주하게 되었다. 죄인이 된 기분. 기왕이면 모범수가 되자고 다짐했다. 잘 되고 싶었다. 그러다가 날이 밝았다.

카페나 도서관처럼 사람 많은 곳에서는 작업이 안 된다. 본가에서 살 때도 그랬다. 원고 앞에서 한없이 예민해지는데 그럴 때는 방문을 닫아도 신경이 온통 방 밖으로 향해서 진도가 나가지 않았다. 안온해야 할 생활 공간에서 잔뜩 곤두선 표정으로 가족들을 괴롭히는 내가 있었다. 소품실이 생기고서는 그러지 않아도 되었다. 다행한 일이지만 해결되지 않은 문제가 남았다.

작업실만 얻으면 만족할 만한 작품을 쓸 줄 알았다. 생활이 더 어려워질 거라는 생각은 하지 못했다. 여전히 이곳에서 무언가 만들 때마다 일이 재밌고 살아 있는 기분이 드는데, 그래서 지키고 싶은데 어렵기만 하다. 좋은 작품 쓰기가 생활의 우선순위에서 멀어진 지는 좀 되었다. 파트타임으로 일해 창작과 생활을 이어 나가고 다시 일자리를 구한다. 그게 안 될 때는 주변의 도움으로 한 달을 버틴다. 오늘 나의 최우선 목표는 소품실 지키기. 주객전도가 따로 없다.

  세상은 원래 좀 이상하고 그 안에 사는 나도 다를 바 없으니 놀라지는 않는다. 지키고 싶고, 지켜서 잘 해내고 싶다. 그러니까 여긴 그런 곳이다. 생존을 희망하는 곳. 희망이 생활이 되는 곳.

어른과 파도

 세탁소를 나오자 가을바람이 다가온다. 낙화한 잎들이 이리저리 휘돈다. 입은 옷과 입을 옷을 찾아오는 길. 움켜쥔 옷걸이 사이엔 정장도 한 벌 있다. 첫 면접을 준비할 때 부모님이 사준 정장이다. 이 녀석은 어쩌면 좋을까? 옷장에서 정장을 발견하고는 선뜻 판단이 서지 않았다. 내게 정장은 일상복이 아니다. 누군가 영원을 약속하거나 누군가 영영 떠나는 날에만 입는다. 이번 겨울에도 입을 날이 있을까? 고민하다 세탁소에 맡겼다. 혹시 모를 일들은 정말 모르게 찾아오니까.
 하교 시간이 된 건지 교복 입은 학생들이 거리

로 쏟아진다. 입가가 거무데데한 성장기 소년들. 교복을 입고 있지 않았다면 나이를 가늠하기 어려웠겠단 생각이 든다. 옷이란 게 그렇다. 많은 것들을 감춘다. 때로는 존재를 모호하게 만든다.

교복 입던 시절엔 교복 벗는 날만 고대했다. 교복만 벗으면 어른이 된다고 믿어서. 나이를 먹어도 나는 그대로라는 사실은 이십 대를 보내고서야 알았다. 더 성숙해져야 해, 달라져야 해, 흔들리지 말아야 해, 매일 스스로 주문한다. 아직 늙지 못해 낡은 얼굴로. 이루지 못할 꿈을 좇듯이.

아파트 현관에 들어선다. 엘리베이터 문이 닫힌다. 안에 있던 아저씨와 눈이 희끗 마주친다. 문이 열린다. 머리카락이 희끗희끗한 그가 열림 버튼을 누르고 나를 기다린다. 다음 걸 타고 싶은데. 하릴없이 양손 가득 옷을 든 채 엘리베이터 안으로 뛰어든다.

감사합니다. 이건 마음에 없는 소리. 이윽고 들려온 다정한 목소리.

학생은, 몇 층?

이 글을 쓴 지도 물경 팔 년이 지났다. 과거형

으로 고치지 않은 이유는 지금도 크게 달라진 게 없기 때문이다. 여전히 나는 어른인 척하느라 바쁘고, 그런 나를 바라보는 외부의 시선은 내 기대를 배반한다. 알면서도 나잇값 해보려고 애쓴다. 나만의 일은 아닐 것이다. 또래들은 물론이고, 처음 볼 때부터 어른이던 이들에게서도 이제는 보인다. 작은 일에도 흔들리는 모습. 그걸 애써 감추려는 안간힘.

나이가 어떻든 인생은 끊임없이 파도를 맞는 일이다. 하나가 가면 또 하나가 온다. 어느 하나 거스를 수 없고, 언제, 어떤 높이로 다가올지 예측되지 않는다. 우리가 살아가며 쉽게 불안에 빠지고 긴장을 풀지 못하는 건 그래서일 것이다. 홀로 선 파도 앞에서 휩쓸리지 않으려고 가족을 만들거나 타인을 지인으로 바꾸어 곁에 두는 것인지도 모른다. 서로의 손이라도 잡고서 응전해 보겠다는 무의식의 발로랄까. 물론 '나'를 지탱해 주는 대상이 꼭 사람일 필요는 없을 것이다. 내게는 문학이 있다.

'문학이 곧 구원'이라는 해묵은 주장을 하려는 건 아니다. 그럴 때도 간혹 있지만 아닌 경우가 더 많으니까. 그저 갈피를 못 잡는 인간이라서 책 갈피라도 잡는 것이다. 주로 시와 소설을 읽는다. 오늘은 소설에 기대 파도를 견뎠다. 늘 그런 건 아니지만 소설은 다른 인생을 살아보기 위해 읽는다. 내가 아닌 다른 누군가가 되어 겪어 본 적 없는 사건을 체험하면 사고의 외연이 조금은 넓어지지 않을까, 다가올 고통을 대비할 수 있지 않을까, 기대하면서. 이번에도 기대는 나를 배반한다. 저마다 사정이 있다는 것. 그것만 간신히 알게 된다. 책 밖의 세계는 여전히 불가해하다.

  소설에 국적 같은 건 없지만 나는 한국 소설가의 작품을 선호한다. 그 안에 담긴 익숙한 정서에 동질감을 느끼는 듯하다. (같은 이유로 외국 소설을 읽을 때도 있다. 그 경우, 낯섦을 기대한다.) 모국어를 쓰는 작가들의 소설 안에는 그 나라 사람들이 겪는 상처와 분투가 이야기의 형태로 기록돼 있다. 역사에서 발굴한 큰 이야기도 있지만, 일상적이고 작은 이야기가 담겨 있을 때가 더 많다. 근년 간 내게 파도를 견딜 힘을 불어넣어 준 건 작은 이야기였다. 주로 모진 일을 겪은 인물이 커다란 반전 없이 제 속도로 나아가는 내용이었는데 지난여름에는 그러한 이야기에 기대어 봐도 단번에 극복되지 않았다.

  출간 작업을 비롯해 두어 개의 프로젝트를 동시에 진행하던 계절이었다. 익숙한 일임에도 수월하지 않았다. 하루건너 파도가 들이닥쳤기 때문이다. 들이는 시간에 비해 보수가 높은 일을 지원했다가 탈락한 게 첫 번째 파도였다. 벌여놓은 일들을 무사히 진행하기가 어려워졌다. 막막했으나 비통해할 시간이 없었다. 다음 파도는 몸에 찾아왔다. 두어 번 몸살에 걸려 작업을 멈추어야 했고, 고통보다 흘러가는 시간이 더 뼈아팠다. 연이은 무더위나 높은 습도는 견딜 만한 파도였다. 문제는 그다음. 기어이 큰 파도가 들이닥쳤다. 다시, 무기력이었다. 금연이나 금주에 실패하는 것처럼, 연애가 끝나고도 다시 연락하는 것처럼, 한

번 익숙해진 건 쉽게 벗어나기 어렵다는 사실을 인정해야 했다.

감당키 어려운 파도 앞에서 포기를 떠올렸고, 그럴 때마다 작은 이야기에 기댔으나 나아지지 않았다. 쉬어도 보고 참아도 보다가 갈 곳이 없어서 다시 책을 펼쳤다. 문학은 다른 인생을 살아보는 것. 이해를 시도하다 실패하는 것. 그런 채로도 결말을 향해 나아가는 것. 그때 다시 배웠다. 다가온 파도를 피할 수 없고, 견디기도 어렵다면 방법은 한 가지. 문학에서 배운 대로, 휩쓸리기.

될 대로 되라며 포기한 건 아니었다. 무엇도 기약하지 않고, 흐르는 대로. 그저 순리대로 하루하루 주어진 일들을 해나갔다. 우리가 아는 대부분의 이야기가 그렇게 시작하고, 거듭되며, 끝난다. 결말? 그때는 알 수 없었다. 어림하기엔 언제나 그랬듯 나는 아직 어렸다.

술 마시며 배운 것들

 어른이 되기 전부터 술을 마셨다. 학교를 한 해 일찍 들어간 탓에 불법을 저지르고 만 것이다. 신입생이 되고도 미성년을 벗어나지 못했으므로 억울한 일을 겪기도 하였다. 열댓 명이 넘는 인원에 속해 술집에 갔다가 나로 인해 문전박대를 당한 것이다! (그렇다고 누군가 화를 내거나 그런 건 아니었고 약간의 실랑이가 있었다.) 다행하게도 학교 앞 술집의 '민증 검사'는 벚꽃보다 먼저 시들해졌다. 외투를 벗기 시작한 즈음부터 나는 긴고아를 벗어던진 손오공의 심정으로 자유롭게 술의 세계를 탐닉했다. 좋은 날엔 좋아서, 힘든 날엔 힘들어서, 아무 일 없는 때는 일을 만들려고 술 앞에 앉았다. 세월이 흐른 지금은 웬만해선 마시지 않는다. 피치 못할 사정으로 술자리에 가도 맥주 몇 잔 마시는 게 고작이다. 바야흐로 금주의 몸이 된 것이다. 술을 멀리한다고 해서 기억까지 사라진 건 아니다. 지나온 길 위에는 잔존한 것들이 있기 마련이고, 그것을 거슬러 오르다 보면 지금 내가 알고 행하는 것들의 근원을 만나게 된다. 거창하게 말했지만 그냥 술 마시며 배운 것들을 말해보겠다는 소리이다. 굉장히 교육적인 내용이 될 것으로 짐작한다.

1. 식전 소주의 맛

그건 선배 P가 가르쳐주었다. 반주를 즐기던 그는 식당에서 주문할 때마다 이렇게 말했다.

사장님, 소주 먼저 주세요.

요청대로 깍두기나 고추 같은 밑반찬과 함께 소주가 먼저 나왔다. 선배는 기다림 없이 모두의 잔을 채웠고 우리는 계속 술잔을 비웠다. 음식이 나오기도 전에 세 번째 소주병을 따던 선배는 내게 물었다.

학민아 사랑이 뭐라고 생각해?

갑자기요? 음…… 호르몬의… 실수?

시시한 대답에도 불구하고 P 선배는 시인이 되어가고 있었다. 입이 아닌 눈으로 쓰는 시. 텅 빈 초점으로 허공을 응시하는 눈빛…… 가만, 그냥 취한 건가? 종종 헷갈렸다.

배에 찬 것 없이 찬 소주를 내리 속에 붓는 행위는 자연재해 같았다. 벼락같은 존재감으로 입에 들어와 식도부터 장까지 전속력으로 달려가는 알코올의 묵직한 이동은 온몸에 여진을 일으켰다. 그건 든든히 밥 먹고, 맵고 짠 안주에 의존한 음주 행위와 본질적으로 다른, 야생의 맛이었다. 자연히 평소보다 훨씬 더 빨리 취했고, 빈속에 소주를 마시면 후회가 뒤따르게 된다는 걸 배울 수 있었다. 그때는 배우는 과정이라서 그랬는지 그게 싫지 않았다. 인생의 쓴맛을 아는 어른이 된 것만 같았다고 해야 할까? 스무 살 언저리에 또래 친구들과 국밥집에 가면 음식이 나오기 전까지 두런두런 이야기를 나눌 뿐 소주를 먼저 입에 대는 과감은 없었다. 그런 순진하고 시시한 음주 태도와는 달리, 식전부터 소주로 속 채우는 음주의 낮과 밤은, 노독을 아는 사람들이 즐기는 하루치 애로의 정점으로 다가왔다. 그러나 내가 그 배움을 추억으로 두는 데는 다른 사정이 있다. 얼큰히 취하면 세상을 아름답게 보는 사람들이 있지 않은가. P 선배가 그랬고 마침 그의 눈앞엔 내가 있었다.

너는 참 멋진 놈이야.

그런 말을 들을 때마다 나는 수줍게 손사래 쳤으나 속으로는 더 해주길 바랐다. 바람대로 칭찬이 이어지면 의문이 일었다. 선배는 신인가? 왜 자꾸 믿고 싶어지지? 내가 정말, 멋진가? 식전 소주의 맛을 떠올릴 때마다 세상에 필요한 진실을 내게 전해 준 그가 그리워진다.

2. 평일 낮술의 매력

평일은 일하는 시간. 그 시간에 술을 마시면 모두가 망해버린 기분이 들면서 저절로 행복해진다. 실제로는 술 마시는 우리만 망하고 있는데도 말이다. 그래서 낮술은 단체 종목이어야 한다. 기쁨이 나누어야 커지듯, 망함도 같이 망해야 안도할 수 있기 때문이다.

평일 낮술의 원대한 매력도 대학에서 배웠다. 모르고 살았으면 서운했을 참지식을 가르쳐 주었다는 점에서 대학은 지식의 보고임이 틀림없다. 그 시절 우리의 낮술은 주로 봄이나 여름 초입에 일어나는 사건이었다. 공강이 되면 누군가 '말통'에 막걸리를 '길어'왔고, 곧바로 강의실 건물 앞 잔디밭에 앉아 술을 '푸기' 시작했다. 지나가는 선후배가 보이면 이렇게 외쳤다.

수업 끝났으면 이리로!

앉은 자리가 폐허가 되기까지는 두어 시간이면 충분했다. 치킨과 보쌈의 잔해와 말통이 나뒹굴고, 뒤늦게 합류한 이들이 사 온 소주병마저 가벼워지면 약속이나 한 듯 누군가 외쳤다.

이제 술 마시러 가자!

날은 저무는데 우리는 일어섰다. 그러나 모두가 일어나기까지는 한참이 걸렸다. 평일, 대낮, 막걸리, 소주의 조합은 뜨끈한 온돌방처럼 인간의 엉덩이를 천근으로 만들어 놓았기 때문이다. 자리를 정리하고 술집에 가면 이제 막 1차를 즐기러 온 학우들을 만났다.

아니, 벌써 취한 거야?

그들은 놀라고 우리는 내심 뿌듯해했다. 뭔가 앞서가는 기분이 들었기 때문이었다. 옛말에 '용기 있는 자가 낮술을 마신다'라고 하지 않았던가. 한 적 없다고요? 그래도 내가 기억하는 걸 보면 아는 사람이 없던 건 아니었을 것이다. 낮술은 저 멀리 이상에 둔 낭만을 현실로 가져오는 일.

술이 하는 가장 도발적인 짓. 내가 배운 낮술이 그랬다.

3. 금주의 자유

술 마시며 배운 얘길 하는데 왜 안 마시는 얘길 하지? 의아해하실 수도 있겠다. 이별도 연애담에 해당하므로 이런 얘기 역시 가당하다고 주장해본다.

술을 마시지 않은 지는 사 년쯤 되었다. 그러는 동안 금주의 이로움을 알게 되었다. 우선 몸이 아프지 않다. 숙취 없는 삶이라니. 얼마나 자유로운가. 가용할 시간도 늘어났다. 술 마시고 오면 하루가 삭제되곤 했는데, 아니 숙취까지 더해지면 이틀쯤 사라졌는데 금주를 시작하자 여유가 생겼다. 밤에도, 주말에도 술자리가 없으니 하고 싶거나 해야 할 일에 집중할 수 있었다. 비로소 속박 없는 생활을 영위하게 된 것이다. 애주가들이 모인 술자리에서 이런 얘길 하면 역적이 된다. 특히 과거 나와 술잔을 자주 기울이던 사람들은 이렇게 일갈한다.

술맛을 알아버린 인간은 무얼 해도 술이 주는 만족감보다 더 큰 감흥을 느낄 수 없어. 결국 돌아오게 돼 있다는 말이지!

그러면 나는 짐짓 고개를 끄덕인다. 안 취한 사람이 취한 사람에게 반론을 제기해 봐야 소란만 부추기는 꼴이기 때문이다. 그러다 분위기가 조금 누그러지면 말한다.

당신들 말이 다 맞지만, 나는 술과 안 맞아서 금주를 이어갈 겁니다.

이 말에 반박하는 사람은 아직 만나지 못했다. 딱히 결고틀 논리가 없기도 하고, 내가 만난 모든 상대가 '저놈은 긴말해 봐야 안 들어먹겠다'라는 판단을 내렸기 때문이리라. 그들은 대신 "술 안 마시면 무슨 재미로 살지?" "그래, 뭐 안 마시면 건강하고 좋지" "됐고, 짠만 해" 같은 말로 진심을 숨기는데 눈빛은 거짓말을 못 한다. 동지의 배신을 바라보는 듯한 노골적인 비난의 눈길들! 다행하게도 잠깐이다. 그 순간만 넘기면 된다. 어차피 그들은 다음 술자리에서 같은 말과 눈으로 나를 위협할 것이다. 그렇게 몇 번 더 반복하다가 사라질 적의가 두려워 술을 다시 찾을 필요는 없다는 말이다. 타인은 나에게 별 관심 없고, 내 의지는 확고하다. 술과 나의 인연은 끝났다. 충분히 사랑했고 사랑한 마음보다 더 자주 만났으니 후회 없다. 한 대상에 몸과 마음이 매여 영 자유롭지 못한 시절을 보내본 분이라면 이 마음을 모르지 않을 것이다.

  이상으로 불법까지 감행하여 한 존재를 만나 그 매력에 빠져들어 후회 없이 사랑한 이야기를 전해 보았다. 애정의 무상함을 전했다는 점에서 이 글의 교육적 가치가 증명되었으리라 믿어 본다. 재밌는 건 '술' 하면 여전히 '자유'가 떠오른다는 사실이다. 한때는 마음의 빗장을 한껏 풀어 헤쳐 주는 음주 행위로써의 자유, 이제는 주욕 없는 몸과 일정의 자유. 그렇다는 건 술 마실 자유도 건재하다는 의미일 것이다. 따라서 술에 관한 구체적인 추억담은 다음 술자리에서 밝히도록 하겠다. 그 이야기야말로 진짜 교훈이 담겨 있음을 예고하는 바이다.

통증

이건 젊은 사람 맥이 아니에요.

 벌써 삼 년 전 일이다. 엄마가 퇴원하고 이틀이 지난 뒤였다. 익숙한 직업병이 내 몸을 덮쳤다. 목과 어깨가 쑤시고 팔이 저렸다. 자주 가던 동네 통증의학과를 가도, 다른 동네의 병원에 가도, 디스크 전문 병원에서 약을 먹어도 효과는 잠시뿐 누워 있을 때조차 아팠다. 여러 병원을 전전하다가 한의원에 갔다. 진료를 기다리는데 간호사가 오더니 회원 관리 때문이라며 사진을 찍어갔다. 어쩐지 머그샷을 찍은 거 같기도 한데.

이번엔 교도관…… 아니, 간호사를 따라 검사실에 들어갔다. 의자에 앉아 혈압계와 비슷하게 생긴 기계 안으로 팔을 집어넣었다. 한 번 더 해볼게요. 검사가 잘되지 않는지 간호사가 당황한 눈치였다. 왜 이러지. 한 번만 더 해볼게요. 나중에 안 사실인데 그 기계는 맥을 짚는 맥진기였다.

한의사는 젊어 보였다. 어쩌면 나보다 어린지도 몰랐다. 그는 '젊은 사람들에게 한의원이란, 이 병원 저 병원 돌고 돌다 마지막에 오는 곳'이라고 했다. 그러면 당신은 어디를 돌다 왔나요. 그런 생각을 하는데, 그가 말했다.

사각근증후군인 것 같아요.

편두통, 불면증, 손목터널 증후군, 목디스크, 일자목 증후군, 과민대장 증후군에 이어 나의 새로운 반려 병의 이름을 알게 된 순간이었다.

그건 그렇고 불면증이 심하신가 보군요.

한의사 손에는 맥진 검사지가 들려 있었다.

굉장히 오래되신 것 같은데요?

나는 입술을 꾹 누르며 웃었다. 정신과에서 상

담받다가 마음을 들켜 버린 순간 갑자기 눈물이 쏟아지기도 한다던데 나는 고작 오래된 불면증을 들키고서 당황한다.

맥을 보니, 아주 오랜 시간 잠을 못 자고, 스트레스가 심하신 것 같아요. 이런 분들이 또 소화기에 문제가 있는 경우가 많아요. 전체적으로 기운도 없고요. 그런 상태에서 다른 병이 생긴 거라서 아마 통증이 더 심하셨을 거예요.

통증은 일상과 멀어지는 신호이다. 바쁘다는 핑계로 통증을 모르는 체하면 꼭 탈이 난다. 내가 그랬다. 시작은, 엄마였다. 몇 달간 투고를 준비하며 몸에 피로를 성실하게 누적하고 있었는데 어느 날 엄마가 아프셨다. 몸살인가 하다가 응급실에 가서야 통증의 원인을 알게 되었다. 간에 농양이 생겼다고 했다. 입원 후에도 고열과 항생제 부작용에 시달리셨다. 복부에 배액관을 연결해 둔 터라 옆으로 돌아눕지도 못하셨다. 나는 손이라도 되려고 매일 병원에 갔다. 한 달 넘게 입원실로 출퇴근하는 동안 내 몸이 아픈 줄도 몰랐다.

엄마가 잠들거나 간호사가 오면 보호자 대기실에 앉아 있었다. 잔뜩 몸을 구기고 휴대전화로 책을 읽었다. 글은 쓰고 싶지 않아서 남이 쓴 글을 읽고 또 읽었다. 그럴 때마다 몸이 동그랗게 움츠러들었다. 직업병이 머물기 좋은 자세였다.

이런 말씀 드려도 될지 모르겠지만, 환자분 맥은 거의 할머니 맥이에요.

한의사는 이백만 원이 넘는 탕약을 권했고, 나는 또 입술을 꾹 누르며 웃었다. 돈은 사람을 웃기는 재주가 있다. 병원을 나와 작업실에 가려다 발길을 돌려 집으로 향했다. 그래야 할 것 같았다. 엘리베이터에서 7층 할머니를 만났다. 이 동네에서 7층 할머니를 모르는 사람은 없을 것이다. 왕성한 활동량을 자랑하는 7층 할머니는 사시사철 빨간 옷을 입는다. 외투도 빨강, 바지도 빨강, 가끔은 슬리퍼도 빨강. 빨강 할머니는 그날도 숨으로 노래를 불렀다. 음높이가 크게 다른 들숨과 날숨이 좁은 엘리베이터 안을 가득 채웠다. 나는 빨강 할머니의 맥이 궁금했다.

한 달 넘게 약침을 맞고, 물리치료를 받고, 일을 멈췄더니 몸 상태가 이전으로 돌아왔다. 회복의 순간마다 나는 관대한 사람이 된다. 정신이 맑아지고 사람과 일상 앞에 겸손해진다. 이것은 내가 아픔을 겪어본 사람을 좋아하는 이유이기도 하다. 일상으로 돌아온 나는 작업을 재개했다. 밀린 분량을 채우려면 몸이 버텨줘야 하는데 내가 하는 몸 관리는 스트레칭과 산책밖에 없었다. 아프기 전에는 몇 달간 근력 운동을 했었는데 사정이 생겨 멈춘 후로 어영부영 끝났다. 칠 킬로쯤 쪘다가 다시 칠 킬로쯤 빠졌다. 글쓰기도 몸 쓰기가 필요한 일이다. 긴 시간 몰입할 체력과 목을 감싸줄 근력 정도는 필수인데, 그래서 운동해야 하는데 생각에서 그친다. 해로운 것을 멀리하라는 의사가 흡연과 음주를 즐기듯 알면서도 실천하지 않는 나의 소신이 놀랍다.

  일보다 몸이 더 중요하다고들 말하지만, 그건 당연한 소리지만, 몸만 신경 쓰면서 할 수 있는 일은 많지 않은 것 같다. 무리하지 않고, 꾸준한 운동으로 관리해도 자주 쓰는 몸의 어딘가는 결국 아프기 마련이다. 그래서 나는 직업병도 일의 일부라고 생각한다. 세상에 공짜는 없고, 몸은 마음보다 기억력이 좋다. 글을 쓰기 위해서는 통증에 익숙해져야 하는지도 모른다.

  그로부터 며칠 후 저녁을 먹고 다시 작업을 하려는데 갑자기 머리가 아팠다. 속이 울렁거리고 몸을 가누기 힘들었다. 침대에 누워도 상태는 호전되지 않았다. 안정을 취하면 나아질 줄 알았는데 자리에 눕자 더 어지러웠다. 그때 엄마에게서 연락이 왔다. 나는 상황을 짧게 설명하며 다시 연락하겠다고 덧붙였다. 그로부터 눕지도, 앉지도 못한 채 한 시간쯤 헤매다 먹은 것을 다 토해내고 잠이 들었다. 몸을 가누지 못할 만큼 아플 때마다 그 순간 한 번씩 죽는 것이 아닐까, 종종 상상한다. 우리가 알지 못하는 다른 세계로 건너가 현실의 나를 대신해 끊임없이 죽는 상상. 그런 상상을 할 때면 우리의 생은 하나이지만, 죽음은 여럿일 수 있겠다는 생각이 든다. 몸이 회복하면 다시 태어나는 기분이 드는 것도 그 때문인지도 모른다. 다음 죽음이 오기 전까지 이번 생은 더 잘해봐야지, 무서워하지 말아야지, 용기 내게 된다.

  늦은 새벽 서늘한 기운에 눈을 떠보니 몸은 신열에 젖어 있었다. 머리까지 덮은 이불을 밀어내고 휴대전화를 집어 들었다. 문자가 두 개 와 있었다. 하나는 자신도 그런 적이 있었다며 찬물을 마시고 안정을 취해 보라는 내용이었고, 다른 하나는 한 시간쯤 뒤에 온 것이었는데 여전히 나의 상태를 걱정하는 내용이었다. 발신자는 엄마였다. 어떤 문장은 마음의 통증을 덜어주는 힘이 있다는 것을 몸으로 배운 새벽이었다.

  그로부터 삼 년이 지났다. 출간 작업은 후반부를 향해가고 있었다. 출간통이 시작되고 있었다.

마침표

 거듭된 파도에 지쳐가던 그때, 영덕에서 눈을 떴다. 잠시 먼 곳으로 떠나자는 S의 제안에 영감 비슷한 무언가라도 얻고자 함께 여행을 떠나온 터였다. 잔잔히 부서지는 파도를 내려다보는 것만으로도 숨이 트였다. 오랜 벗과 허허로운 시간을 보내니 평화가 내 앞으로 다가오는 듯했다. 정신이 혼미하긴 했었다. 좀처럼 잡히지 않는 기획을 고민하다 밤을 새우고 출발한 게 화근이었다. 영덕의 정경을 보며 감탄하다가도 작업실에 두고 온 프로젝트들이 바다 위 부표처럼 불쑥 떠오를 때마다 조급한 기분이 들었다.

  돌아오자마자 작업에 돌입했다. 지금의 형식을 결정하기까지 총 네 번의 기획 변경이 있었다. 돌아보면 변한 게 없는 것 같기도 하고, 전부 변한 듯한 기분도 든다. 형식, 주제, 스타일이 다른 원고를 단편집처럼 배치하려는 기획은 유지했다. 원고는 비우기에 집중했다. 작업 방식이 그랬다. 책은 기록이고, 기록은 남는 것이건만 첫 소품집이 그랬듯 떠나보낼 것들을 책에 담았다. 유리병에 편지를 넣어 바다로 보내는 마음이랄까? 아니, 당근마켓에서 중고 물품을 나누듯이. 혹시, 이거 필요하세요? 하는 제의처럼. 그렇게 비워서 모은 것들로 틀을 잡은 후에는 책 밖으로 버리고 빼기를 반복했다.

  오래 품어온 문장과 책으로 남기고 싶던 꼭지들도 편집자2(나)의 시선 앞에서는 맥을 못 췄다. 이 책에 필요해? 이 이야기를 여기 두는 게 맞아? 두 가지이지만 하나에 가까운 기준으로 원고를 선별했고, 동시에 기획을 계속 수정했다. 늦은 밤에는 야간에 일하는 J와 자주 통화했다. 보통은 한담을 나누었지만, 편집 과정에서 오는 사소한 고민과 그날의 변경 사항도 자주 말했다. 발화를 통해 기획을 정리하고, 결정을 내렸던 게 아닐까 한다. 같은 시기 발행한 뉴스레터에는 결정한 답을 적어 보냈다. 그중엔 이런 문답도 있다.

밤늦도록 생각과 이야기를 언어로 옮기다 보면 의문이 찾아옵니다. 내가 지금 이걸(출간 작업) 왜 하더라? 답은 정해져 있고요. 마침표 찍으려고 하지.

한 번은 동행을 찾는다는 편지를 보낸 적도 있다. 뒤늦게 함께할 출판사를 구한다는 내용이었다. 변심은 단순히 변덕이었는지도 몰랐다. 그러나 무기력을 견디며 혼자 책을 만드는 게 버거웠다. 처음에 그랬듯 협업이 간절하기도 했다. 여러 논의 끝에 함께할 사람을 만났다. 그 밖에도 여러 귀한 분들에게 도움을 받았다. 이름 모를 창작자의 손을 잡아준 연대의 전문가들. 그분들께 갚을 수 없는 빚을 지었다.

긴 무명 생활을 보낸 배우가 한 시상식에서 상을 받는 장면을 본 적 있다. 보면서 좀 울었다. 그가 버텨온 시간에 공감해서가 아니었다. 그의 사연에서 희망을 발견해서도 아니었다. 기쁨과 환희 앞으로 슬쩍 비치는 오래된 그림자를 발견한 게 이유였다. 무명이라는 긴 터널을 지나오는 동안 몸에 새겨진 어둠은 밝은 빛 아래서도 보이고, 내겐 그게 매번 슬프게 다가온다. 안 되는 사람은 안 된다는 생각을 자주 했다. 재능이니 운이니 하는 것들은 차지해 두더라도 안 될 운명 같은 게 정해져 있지 않나 싶은 짐작이었다.

반론이 있었다. 그날 상 받은 배우가 그렇고, 음원 역주행 사연도 더러 들려왔다. 다만 그조차 남의 얘기일 뿐. 자기 일에 최선을 다해도 결과물이나 성과가 기대에 못 미치는, 안 되는 사람이 세상엔 더 많을 것이다. 아무리 희망을 말한들 변함없는 사실이리라.

　열심과 만족은 비례하지 않는다. 그건 원인과 결과도 아니다. 안다는 건 중요하다. 최선을 다해도 결과물이 별로거나 성과가 없으면 좌절했는데 열심의 진실을 알고부터는 얼마간 내려놓게 되었다. 어차피 이래도 안 돼, 저래도 안 돼, 하는 패배 의식에 사로잡힌 건 아니다. 다만 이제는 최선의 무력함을 인정한다. 스스로 속이지 않으면 그 결과가 이러면 어떻고, 저러면 또 어때, 싶은 느슨한 마음을 얼마쯤 품은 것도 사실이다. 그렇대도 대충하진 못한다. 뭐를 하든 일단 최선을 다하고 본다. 기년 전 유료 구독자를 모집해 이메일로 산문을 보내는 서비스를 할 때도 그랬다.

　가진 힘을 다 써서라도 잘하고 싶었는데 시간 쫓겨 보낸 원고가 눈에 차지 않았다. 부끄럽고 미안해서 괴로웠는데 한 독자분께 이런 답서를 받았다. '어렵고 힘든 상황에서도 다양하게 시도하고, 꾸준하게 연재하는 어떤 창작자가 있다는 것만으로도 큰 위로가 되었습니다.' 세상엔 무용한 노력이 없음을 그분께 배웠다.

  세상은 말한다. 성공하지 않으면 의미 없다고. 성실한 과정 따위 무용하다고. 진실일 수도, 아닐 수도 있다. 우리는 모른다. 인생이란 정답을 아는 순간 끝나는 사건일 테니까. 모르는 동안에도 시간은 흐른다. 모르는 이름들의 인생도 다를 바 없다. 그것만큼은 공평하다. 이러니저러니 해도 귀한 시간이다. 귀한, 이름이다.

*

  책에는 마침표가 있지만, 감정은 그렇지 않다. 마음의 일이라는 게 그렇다. 잊거나 지웠다고 여기던 것들도 다시 보면 얼마간 남아 있다. 두 번째 소품집을 상상하던 지난겨울까지만 해도 안심했다. 무기력이 반쯤 사라진 줄 알았으니까. 반감기가 접어들었으니, 작업을 시작하면 흔적도 남지 않을 거라고 믿었다. 예측은 빗나갔고 오히려 더 심한 날도 많았다. 출간을 확정 짓는 날까지 무기력이 완전히 사라진 순간은 없었다. 그렇다면 희망이라고 다를까? 사랑은, 예외일까? 그렇지는 않을 것이다. 내가 발견해 내길 기다리며 내 안에 남아 있으리라. 이제는 안다. 인생과 창작에 찾아온 무수한 변화에도 잔존하는 것들은 있다. 출간 프로젝트를 시작하기 전 스마트폰 메모장에 적어 놓은 이 글귀처럼.

  고개 들고, 어깨 펴고, 담담하게.

  작업을 앞두고 한 다짐이었는데 움츠러든 순간이 많아 부끄럽다. 늦지 않았다면 지금이라도 그 다짐을 따르고 싶다. 반감기가 되감기가 되더라도 살아 봐야지. 남겨진 것들을 껴안으며 나아가야지. 인생에 반감을 품는 시기가 다시 찾아오더라도 살아가야 하니까. 이렇게 첫 번째 마침표를 찍는다. 이야기는 남아 있다. 미지의 내일 대신 어제의 흔적을 파고들 예정이다. 미리 말해 두자면 다음 파도는 상실이다.

2부 중정에서 광장으로

여는 글

고통을 덮고서 한 일

'보이드 공간'이라는 건축 용어가 있다. (문법상 중복어에 해당하지만 아무튼) 중정, 테라스, 오픈홀, 내부 정원처럼 건물 내부에 일부러 비워둔 공간(이 단어 역시 이중 표현이다)을 뜻한다. 개방감·채광·통풍 등을 위한 설계인데, 외부에 공허한 자리를 만든다고 해석하면 재밌게도 느껴진다. 반면 내면에 자리한 공허를 바라볼 땐 웃음기가 사라진다. 그곳에 상실이 있기 때문이리라.

2022년부터 2024년까지 두 해간 '읽고 쓰는 일'을 했다. 책·영화·시리즈를 보고서 한 온라인 매체에 매주 한 편씩 총 아흔 개의 독후 잡문을 기고한 것이다. 기사 안에는 해당 시기에 읽고 본 작품은 물론, 내가 살아온 흔적도 얼마간 담겨 있다. 당연히 상실도 있다. 다른 이들이 그렇듯 나 역시 두 해간 여럿을 잃었고, 조금 먼 곳으로부터 부음을 듣기도 했다. 상실을 겪은 후에도 책은 읽었다. 문학은 치료제가 아니고, 책 몇 권 읽는다고 나아질 리 없다. 알면서도 읽기를 멈추지 못한 건 그렇게 해서라도 상실을 이해해 보기 위해서였다. (끝내 납득하진 못했지만.)

곁에 두던 존재가 생을 다하는 건 나의 밖에서 내가 죽는 사건이다. 그러므로 상실을 담은 작품에 몰입할 때면 고통이 뒤따랐다. 고통을 덮고서 한 일은 나를 통과한 상실을 글로 옮기는 것. 현실의 내가 잃은 것들은 떠올리지 않으려고 애썼으나 매번 실패했다. 우리 가족의 반려견을 떠나보낸 시기였다. 나는 아직 그 죽음을 제대로 쓰지 못한다. 내가 사랑하는 것 중 가장 작았고 내가 잃은 것 중 컸던 존재를 떠올리면 마음이 무참해지므로 차라리 침묵한다. 비슷한 시기에 떠나보낸 어른들에 관해서도 그런다. 슬픔보다 후회가, 아픔보다 자책이 커서 계속 미룬다. 그 사정을 적기에는 충분한 세월이 흐르지 않은 것 같다. 몇 자 더 적었다간 이 책마저 스스로 외면할지도 모르니 다른 얘길 남기고 싶고, 그럴 자유도 있다.

  그러나 세상엔 상실의 고통을 증명해야 하는 사람들이 있다. 참사로 상실을 겪은, 남은 이들이 여기에 해당한다. 그들은 진실의 편린이라도 찾고자 비통의 언어를 토해낸다. 다종다양한 매체를 통해 그 소리를 들을 때마다 의문이 든다. 내일이 아닌데 왜 고통스러운가. 처음도 아닌데 왜 당황하는가. 잘 알지도 못하면서 왜 공감하는가. 타인의 고통 앞에서 인간은 무력하고 우리가 안다고 믿는 슬픔조차 미지에 불과한데도 차마 외면하지 못한다. 그것은 아마도 우리의 내면에는 정도나 빈도와는 무관한 각자의 빈 곳, 즉 상실이 있기 때문이리라.

  앞서 말한 '보이드 공간'은 거실이나 로비처럼

관문을 뜻하기도 한다. 그곳은 단절이 아니라 가능성의 여백일 수 있다. 머물 수 있고, 바라볼 수 있으며, 어디로든 갈 수 있는 곳. 저마다 내면에 그런 장소를 두고 있으므로 '나'의 빈 곳을 바라보던 시선이 '우리'의 빈 곳으로 확장되는 건 당연한 순서일 것이다. 말하자면 개인의 상실이 사회의 상실로, 사적 공간이 사회적 공간으로, 중정에서 광장으로.

광장이란 무엇인가. 아무도 없거나 누구나 모일 수 있는 곳이다. 저마다의 상실이 한데 모인 곳이라면 어디라도 광장이 되고, 그곳에서 우리는 상실의 공동체가 된다. 남은 일은 서로의 상실을 목도하는 것, 인생의 비애를 어림하는 것, 하릴없이 서로에게 무너지고 마는 것. 그것이 인간이 되는 유일한 길임을 상실을 겪는 동안 읽고 쓰는 일을 하면서 조금 알게 되었다. 다음은 그것을 내게 가르쳐 준 책과 영화에 관한 짧은 기록이다.

언 바다 위를 걷는 기분
한정원 시극 『사랑하는 소년이 얼음 밑에 살아서』

 TV를 보다가 당황하고 말았다. 세상을 떠난 사람이 돌아왔기 때문이다. 제작진은 이를 '디지털 휴먼 기술'이라고 설명했다. 말하자면 가상 인간이다. 커다란 화면 안에서 등장한 그는 영상통화하듯 남은 이들에게 인사를 건넸다. 예상하지 못한 재회에 낯설어하던 출연자들은 곧 몰입하기 시작했다. 화면 너머로 생전에 전하지 못한 말을 건넸다. 돌아온 대답은 화면 속 인물이 기술로 재현한 존재임을 잊게 할 만큼 구체적이었다. 모두 눈물을 흘렸다. 삶과 죽음 간의 기묘한 소통을 보다가 나도 울고 말았다. 헤어짐을 겪은 지 얼마 지나지 않은 탓인지, 아니 누구라도 그 광경을 봤다면 울지 않을 수 없었으리라.

'디지털 휴먼'은 연신 "잘 지내고 있다" 말하며 웃었다. 마치 당신은 모르는 기쁜 소식을 전하고 있다는 듯. 그래 어쩌면 사실일 수도 있다. 정말로 잘 지내고 있을지도 모른다. 예고 없던 작별 앞에서 크게 슬퍼한 이들이 억울할 만큼 떠난 이들의 세상이 이곳보다 나을지도 모른다. 믿으면 잠시 편해지나 이윽고 몰려드는 상실감은 어쩌지 못한다. 다시는 함께할 수 없음. 남은 자와 떠난 자가 공유하는 유일한 그 진실 때문이겠다. 그래서 우리는 의지만으론 못 이룰 꿈을 꾼다. 꿈에서라도 만나기를, 만나서 제대로 된 작별 인사라도 나눌 수 있기를.

한정원 시인의 『사랑하는 소년이 얼음 밑에 살아서』(2023)도 비슷한 소망에서 출발한 작품인 듯하다. 급작스럽게 작별한 두 인물의 꿈 같은 재회를 담고 있다는 점에서 그렇게 짐작했다. 시인은 오래전 바다가 소녀 앞에 선 소년을 앗아가는 사고를 목격했다고 한다. 이후 그가 겪은 시간은 전작(산문집)에도 담겨 있다. "내상이 있었는지, 그 후로 길을 걷다가도 목덜미로 파도가 덮치는 환각 탓에 돌연 멈춰서야 했다."(『시와 산책』, 78쪽) 시인들에게 의무 같은 건 없겠지만, 할 수밖에 없는 일이 있다면, 자신을 통과한 고통을 자신만의 언어로 세상에 꺼내 놓는 일일 것이다.

이 책 역시 그러한 결과물인 듯하다. 소녀와 소년이 작품 안에서 다시 만난다. 스물여덟 개의 막(幕)으로 구성한 시극(詩劇)에서 재회한 둘은 꿈처럼 대화한다. 이 대화는 단선적인 평서문과 달리 머릿속에서 상연된다. 그 사이 파도처럼 스미는 목소리. 소녀와 소년은 바람과 곰과 새를 찾는 남자와 귀신과 전당포 노파와 기관사의 목소리를 만난다. 재회는 짧고 작별은 느닷없다. '얼음의 입구' 앞에서 소녀는, 소년의 손을 놓친다.

우리는 종종 문학을 통해 평소 겪어보지 못한 일들을 겪는다. 반대로 문학으로 재경험할 때도 있다. 소녀와 소년의 작별을 읽다가 내가 현실에서 떠나보낸 이름들을 떠올렸다. 언 바다 위를 걷는 기분이 들었다.

끝없이 이어지는 얼음 길. 그 아래 사는 이들은 내가 만나지 못할, 언 눈물에 갇힌 존재들. 먼저 떠난 그들을 기억으로 따라 걷는 동안 시극은 막바지에 다다른다. 이제 등장인물과 관객(독자)이 헤어질 시간. 에필로그에서 조명은 세 번 꺼진다. 첫 암전 이후 조명이 켜지면 소녀의 모습이 보인다. 다시 암전. 두 번째 조명 아래 소년이 등장한다. 이내 무대 위 조명이 완전히 꺼지고, 시극이 막을 내린다. 이를 통해 '나'(관객이자 독자)는 그들(소녀와 소년)과 작별의 순간을 맞는다.

작별 인사 없는 작별을 경험해 본 분들이라면, 이 결말이 주는 위로를 모르지 않을 것이다. 상실의 재구성이라고 하더라도 그럴 것이다. 왜? 우리를 떠난 이들이 우리가 모르는 어딘가에서 잘 살고 있다고 믿게 되기 때문이리라. 그들의 부재를 '없음'이 아니라 '가닿을 수 없는 어딘가에 있음'으로 만들어 주기 때문이리라. 다행한 일이다. 한바탕 꿈으로라도 재회를 그린 이가 있어서, 사랑하는 시인들이 어딘가에 살아서.

(2023. 02. 17.)

반대편에 사는 사람
김달님 에세이 「아임 폴 인 러브 어게인」

 이번에도 봄은 올까요? 종일 걷다 보니 알겠습니다. 봄은 이미 오고 있었습니다. 이 말은 겨울이 가고 있다는 말이기도 합니다. 저는 겨울을 좋아하지만, 이번 겨울은 예외입니다. 유난히 춥고 길어서 작별을 부추겨 보았습니다. 결과는 그대로더군요. 이번에도 겨울은 필요한 만큼 머물다 떠나가는 듯합니다. 그 후론 점점 더워지겠고요. 생각해 보면 인생이란 더위와 추위를 번갈아 겪는 일 같기도 합니다. 더울 때는 추위를, 추울 때는 더위를 그리워하면서요. 그런 마음이 돌고 돌아 바퀴처럼 구를 때 세월이 가는 것일 테지요.

  계절의 순환은 허기와 비슷해서 기다릴 필요는 없겠습니다. 준비는 해야 합니다. 밥 지을 기운이 남아 있을 때 밥을 지어야 하는 것처럼, 춥거나 더워지기 전에 대비해야 할 일들이 있으니까요. 다음 주부터는 봄옷을 세탁하고 긴 청소를 시작하려고 합니다. 네, 아직 실행하지 않고 머뭇댑니다. 3월 초의 일들 앞에서 저는 매번 이럽니다. 선생님은 어떠신지요. 봄 준비를 시작하셨는지. 아직이라면 봄을 닮은 책으로 미리 봄 기분을 느껴보시는 건 어떨는지요. 오늘 가져온 책의 제목은 『너와 나의 야자 시간』(2022)입니다.

  여덟 저자가 함께 쓴 이 에세이 앤솔로지는 (서점의 분류에 따르면) 청소년 에세이입니다. 저자 중 청소년은 없습니다. 지나지 않고는 전할 수 없는 시간이 있지요. 그것을 담기 위해 기획한 책이라고 짐작해 봅니다. 저는 고작 어른이라는 이유로 청소년기를 다룬 이 책이 멀게 느껴졌습니다. 그랬는데 책을 펴자마자 과거를 살게 되었습니다.

첫 편부터 빠져들고 만 것입니다.

첫 원고 「아임 폴 인 러브 어게인」은 김달님 작가가 썼습니다. 사랑에 관한 이야기이고요. 2005년, 고등학교 2학년이 된 저자는 야간 자율 학습을 시작합니다. 긴장감이 흐르는 교실은 조용했을 테지요. "그럼에도, 그 조용함 속에서도 일어날 일들은 야금야금 일어났다"(10쪽)라는 문장 그대로 무언가 일어나고 맙니다. 저자의 마음에 봄이 온 것입니다. 애정의 대상은 우연히 인연을 맺게 된 친구의 친구인데요. 저자는 아직 그이를 실제로 만난 적 없습니다. (당시 유행하던) 미니홈피에서 존재를 확인하고, 문자와 전화를 주고받은 게 전부거든요.

저자는 궁금해합니다. "한 번도 만나 본 적 없는 사람을 좋아할 수 있을까."(12쪽) 그러나 이것은 질문이 아니라 확인에 가깝습니다. 이미 마음이 넘어지고 말았기 때문입니다. 저자에게 그는 "반대편에 사는 사람"(13쪽)입니다. 정말로 사는 곳이 멉니다. 저자는 산으로 둘러싸인 곳에서, 그는 바다 곁에서 삽니다. 저자는 "어쩌면 그 물리적인 거리감이, 쉽게 만날 수 없다는 안도감이 좋아하는 마음을 빠르게 키웠는지도 모르겠다"(같은 쪽)라고 말합니다. 멀어서, 가까워질 수 있었던 것입니다. 그러던 어느 날 그가 만나자고 합니다.

저자는 덜컥 겁이 납니다. "나를 보면 실망할 거라는 확신에 가까운 마음이 그 애에게서 성큼 뒤로 물러서게 했다. 그리고 알고 있었다. 지금 내가 보내고 있는 시간이 얼마나 중요한 시기인지를."(23쪽) 대학이 인생의 전부는 아니지만, 시절마다 가장 중요한 목표는 있기 마련이지요. 수험생에게는 수능이 그러할 것입니다. 고민 끝에 만남을 미룬 저자는 이렇게 생각합니다. "직접 얼굴을 보고 나면 이미 그 애 쪽으로 기울어진 마음을 돌이킬 수 없을 거라는 생각이 들었다."(같은 쪽) 이윽고 사랑은 천천히 희미해져 가고, 시간은 마음보다 빠르게 흘러가 버립니다.

이제 "선명한 것은 오직 내 것이었던 내 마음뿐"(27쪽)이라고 말합니다. 좋아하던 마음만 희미한 한 시절로 남은 것일 테지요. 두 사람 사이에 놓인 공간의 거리를 시간의 거리가 추월하는 동안 저자는 어른이 되었습니다. 작가가 되었고요. 반갑고 다행한 일입니다. 덕분에 저는 작가의 독자가 될 수 있었으니까요. 독자로 살다 보니 가끔은 현실의 인연보다 책의 목소리에 더 의지할 때가 있습니다. 그 존재가 더 귀해서라기보다는 현실 속 타인이 줄 수 없는 것을 제게 주었다는 것. 동시에 제가 누구인지는 전혀 중요하지 않다는 점 때문인 듯합니다.

  책의 반대편에서 '들으며' 살다 보니, 주변 일에 무심한 저도 책으로 말하는 이가 겪는 일에는 마음이 쓰이곤 합니다. 겨울 동안 두 번의 부고를 읽었습니다. 아무 말도 전하지 못했습니다. 무슨 말을 할 수 있을까요. 여전히 모르겠습니다. 사람마다 가진 내력과 내면의 계절이 각기 다르므로 타인의 마음을 함부로 짐작할 수 없겠습니다. 그래서 조심하는 마음으로 이렇게 편지를 쓰게 된 것입니다. 책을 가져와 에두르다 보면 그래도 조금은 애도를 전할 수 있으리라 믿고서요. 그런데 잘되지 않은 것 같습니다. 아무리 쓰고 지워도 조심만 남는 것을 보면 말입니다.

가끔 나이 듦에 대해 생각합니다. 누군가를 떠나보낼 때마다 시간은 피할 수 없다는 사실을 확인합니다. 더 많은 시간이 지날수록, 나이를 먹어 갈수록 원치 않는 작별이 점점 더 많아지겠지요. 생각해 보면 인생이란 작별과 그리움을 번갈아 겪는 일 같기도 합니다. 겪다가 더는 새로이 그리워할 존재가 없을 때 비로소 그리운 이들이 사는 반대편으로 가게 되는지도요. 먼저 떠난 이들의 계절은 언제나 봄이었으면 합니다. 자유롭게 세상을 거닐기에 좋은 계절이기를. 그래서 이곳의 봄보다 더 지낼 만하기를. 오늘은 달님에게 그런 소원을 빌어 보았습니다.

(2023. 03. 06.)

극복할 수 없지만

프랑수아즈 사강 『슬픔이여 안녕』

 슬픔은 극복할 수 있는가. 묻는다면 고개를 저을 수밖에. 인간에게 슬픔은, 만남만 있고 작별은 없는 동행의 대상이라고 믿는다. 그러므로 슬픔을 마주할 때마다 아니 슬픔이 다가올 조짐이 보이면 주변을 두리번거린다. 소설을 읽기도 한다. 읽으며 질문한다. 슬픔을 곁에 두고 살아가는 것에 대하여. 왜 소설인가. 소설만큼 인간의 심연을 다채롭고 구체적으로 담아낸 형식은 드물다고 여겨서다. 심지어 이 체험은 안전하기까지 하다. 프랑수아즈 사강의 소설 『슬픔이여 안녕』(Bonjour

Tristesse, 1954)을 새삼 꺼낸 이유도 그래서다.

알려진 대로 제목에 쓰인 '안녕'은 헤어질 때가 아니라 만날 때 하는 인사이다. 주인공 '세실'이 처음 만나 인사를 건넨 슬픔의 정체는 무엇이었는가. 세실이 열일곱이 되던 그해 여름, 별장으로 가보자. 세실은 별장에서 아버지 '레몽'과 휴가를 보낸다. 그곳에 '안'이 온다. 안은 교양 있고 안정적인 성격의 인물이며, 레몽은 즉흥적이며 방탕한 구석이 있다. 꽤 다른 두 사람은 뜻밖에도 결혼을 약속한다. 세실은 이 사실이 달갑지 않다. 새어머니가 될 안이 자신을 통제한다는 것이 문제였다.

직접적인 것. 그러니까 교정과 명령만이 통제가 아니다. 나를 보는 타인의 시선도 통제가 될 수 있다. 그 시선에서 부정적인 뉘앙스가 감지될 때, 게다가 시선의 주인이 지극히 올바른 사람으로 보일 때 인간은 그 사람의 눈으로 자신을 돌아보게 된다. 그리고 종종 깨닫는다. (저 사람의 시선일 뿐인데도) 나는 어딘가 잘못된 인간이라고. 세실은 안의 시선 앞에서 그렇게 느낀다. 나아가 안이 직접적으로 자신을 통제하기에 이르자 그는 생경한 제약에 괴로워한다. "행복과 유쾌함, 태평함에 어울리게 태어난 내가 그녀로 인해 비난과 가책의 세계로 들어왔다."(79쪽)

고민 끝에 세실은 안을 밀어내기로 결심한다. 자신을 미워하지 않으려고. 계속, 자유를 탐닉하려고. 주변 인물들을 지휘해 작전을 실행한 세실은 어렵지 않게 아버지와 안을 갈라서게 만든다. 떠나는 안을 보며 문득 깨닫는다. "내가 공격한 대상이 하나의 추상적 개념이 아니라 감정을 느낄 수 있는 살아 있는 개체였음을."(174쪽) 무언가 잘못되었다고 느꼈으나 늦어버린 듯하다. 세실과 레몽을 등지고 떠나간 길 위에서 안이 사고를 당한 것이다. (그러나 안의 죽음은 사고사가 아니다. 소설과 함께 책에 담긴 에세이에 사강은 이렇게 썼다. "절망으로 내몰린 안은 운전 중 운전대를 틀어 자살하고 만다." 203쪽)

비로소 세실에게 겪어본 적 없는 슬픔이 다가온다. 이 슬픔의 의미는 무엇인가. 안에 대한 자

책과 후회, 그리움이 전부인가. 오늘은 조금 다르게 해석하고 싶다. 일테면 세상과의 불화를 인정하는 슬픔으로. 이 해석이 설득력을 갖추려면 근거가 필요하다. 상징을 활용해 보겠다. 세실에게 안은, '세상의 잣대' 즉 '틀'을 의미한다고 전제해 보자. 세실은 틀에 들어가기를 거부했다. 그 대가로 소중한 것(이전의 일상)을 잃었고, 세상과 불화하는 슬픔이 찾아왔다. 만일 거부하지 않고 틀에 맞춰 살았다면? 모르긴 해도 그때는 자신을 잃는 슬픔이 찾아왔을 것이다. 어떤 선택을 하든 슬픔과 동행할 운명을 직감한 세실은 말한다. 슬픔이여, 안녕. (어서 와.)

  마지막으로 소설이 아닌 책의 이야기를 남겨두려고 한다. 이 글에 옮긴 인용문은 전부 2019년 아르테(arte) 출판사가 출간한 책에서 가져왔는데, 얼마 전 같은 출판사에서 새로운 편집과 디자인으로 재출간되었다. 그 외에도 다양한 출판사에서 이 책을 내놓았다. 반세기도 전에 발표된 소설이 꾸준히 나오는 것을 보면 작품에 담긴 통찰이 유효한 듯하다. 더구나 이 소설은 여전히 현대적이라고 평가받는다. 인기 드라마처럼 치정의 소재와 비극적 사고를 그려서만은 아닐 것이다. 세월이 흘러도 불변한 두 가지 사실 때문인 듯하다. 세실이 그랬듯, 인간은 단 한 번도 슬픔을 극복한 적 없다는 사실. 그런데도 계속, 살아가고 있다는 사실.

(2023. 05. 02.)

모국어를 쓴다는 것

아고타 크리스토프 소설 『문맹』

이 언어는 내가 선택한 것이 아니다. 운명에 의해, 우연에 의해, 상황에 의해 나에게 주어진 언어다. 프랑스어로 쓰는 것, 그것은 나에게 강제된 일이다. 이것은 하나의 도전이다. 한 문맹의 도전.(112~113쪽)

헝가리 출신 작가 아고타 크리스토프가 쓴 한 소설의 마지막 문장이다. 소설 속 '나'는 왜 그러한 도전을 하게 되었나. 이전 내용을 읽어 보자.

11월의 어느 저녁, 우리는 '월경 안내인'을 뒤

따라 헝가리와 오스트리아 사이의 국경을 넘는다. (…) "우리는 난민입니다."(68~72쪽) / 스위스에 도착하고 5년 후, 나는 프랑스어로 말을 하지만 읽지는 못한다. 나는 다시 문맹이 되었다. 네 살부터 읽을 줄 알았던 내가 말이다.(109쪽)

보충하자면 '나'는 전쟁, 독재, 점령이 반복된 헝가리의 정세에 휘말려 (게다가 남편이 정치적으로 연루되어) 국경을 넘은 난민이다. 그로 인해 모국어를 잃지만, 글쓰기에 관한 열망은 잃지 않는다. 프랑스어를 쓰는 스위스의 한 도시에 정착한 '나'는 사전과 사랑에 빠질 만큼 노력한 끝에 프랑스어로 소설을 발표한다. 이후 『비밀 노트』(Le Grand Cahier, 1986)를 펴내며 세계적인 작가 반열에 오르기 시작한다. 그로부터 시간이 더 흐른 2004년, 자신의 인생을 회고한 소설을 펴내는데 그것이 바로 이 글에 인용한 『문맹』(L'analphabète)이다.

이 책(나는 2018년, 한겨레출판에서 나온 판본을 읽고 이 글을 쓴다)은 소설로 분류돼 있으나 '자전적 이야기'라는 부제대로 논픽션에 가깝다. 어느 날 갑자기 문맹이 돼버린 '나'의 사정은 전부 저자의 체험이다. 그처럼 모국어가 아닌 언어로 작품을 발표한 사례를 우리는 모르지 않는다. 밀란 쿤데라나 사무엘 베케트를 비롯한 몇몇 이름을 떠올릴 분들이 많으리라. 크리스토프 역시 그 이름들과 마찬가지로 '문맹의 도전'을 넘어 문학적 성취를 이룬 이주민 중 하나이지만, 그렇다고 해도 이 소설을 성공담으로 읽기란 어려울 것이다. 바로 이런 점에서.

> 내 나라를 떠나지 않았다면 나의 삶은 어떻게 되었을까? 더 어렵고, 더 가난했겠지만, 내 생각에는 또 덜 외롭고, 덜 고통스러웠을 것 같다. 어쩌면 행복했을지도 모른다.(82쪽)

어쩐지 슬픔과 미련이 느껴지는 가정이다. 언어와 문화를 잃은 비애는 안전과 기회가 보장된 세계로 이주하더라도 사라지지 않는 것인가. 무리한 짐작은 아닐 테다. 어디서든 글을 썼을 거라고 확신한 저자는 프랑스어를 '적어(敵語)'라고 말한다. "이 언어가 나의 모국어를 죽이고 있기 때문이다."(53쪽)

공동체 또는 민족에 관해 생각해 본다. 그것이 무엇을 의미하는지 제대로 아는 바 없지만, 한 세계 안에서 살아가는 사람들에게는 공동의 영혼이 깃들어 있다고 믿어 본다. 정말 그런 게 있다면, 모국어란 공동체가 공유하는 영혼의 언어에 가까울 것이다. 그것은 그저 말이나 글이 아니라 한 세계의 문화와 의식을 고스란히 담고 있기 때문이다. 그러므로 모국어를 잃는다는 것은 영원히 채울 수 없는 영혼의 허기에 시달리는 일인지도 모른다.

소설 속 '나'와 비슷한 경험을 덧대어 이 글을 마무리하면 좋을 텐데, 그러지 못한다. 모국어를 잃어 본 적 없기 때문이다. 외국어조차 아주 가끔 쓴다. 요컨대 외국 회사에 서비스 해지를 요청하려고 이메일을 보낼 때. 그조차 번역기에 의존하는데, 자꾸만 아득해진다. '그냥 취소 말고 환급'

이라는 내 의사가 정확히 반영됐는지 믿지 못해서다. 단어를 여러 번 검색하고야 전송 버튼을 누른다. 그럴 때마다 매번 느낀다. 내 나라 밖으로 한 발만 나가면 나 역시 문맹이 되리라는 것을.

  어느덧 시월도 저물어 간다. 한글날은 지나갔지만, 한글을 쓰는 날은 이어지고 있다. 내 나라 말을, 모국어를 쓰는 일이 명백한 행운이라는 진실을 이즈음 말해 보고 싶었다. 그러려고 시월이 가기 전에 이 글을 쓴다. 영혼의 언어에 겨울이 오는 일이 없기를 바란다. 어떤 세상에든. 더는.

(2023. 10. 24.)

무의미한 죽음, 무의미한 고통
영화 《서부 전선 이상 없다》

  이야기 매체에서 죽음은 흔한 소재이다. 흔한 일 앞에서 우리는 놀라지 않는다. 작품 속 등장인물의 죽음을 목격할 때를 떠올려 보자. 처음 겪을 때는 고통스럽지만 반복될수록 무감해진다. 나 역시 그렇다. 이제는 작품 속 죽음을 봐도 특별한 경우가 아니면 고통을 느끼지 못한다. 예외는 있다. 전쟁 영화 속 죽음을 보는 일. 그것은 여전히 예외 없이 고통스럽다. 왜 그런가. 첫째, 현실처럼 보여서. 둘째, 형태가 참혹해서. 셋째, 그들의 죽음이 거의 무의미해 보일 때가 많아서다.

《서부 전선 이상 없다》(Im Westen nichts Neues, 2022) 속 죽음도 그렇게 느껴졌다. 1차 대전을 배경으로 한 이 영화는 죽음의 장면으로 시작한다. 한 소년 병사가 죽는다. 이윽고 등장한 네 명의 십 대 소년은 자신들이 권력의 장기말이 될 것을 모른 채 군에 자원한다. 새 군복을 지급할 여력조차 없던 독일군은 전사자의 옷을 세탁해 신병에게 주는데, 네 명의 소년은 천진한 얼굴로 재활용 군복을 받는다. 그중에는 영화 시작과 동시에 죽은 소년 병사의 군복을 받은 인물도 있다. 주인공 '파울'(펠릭스 카머러)이다.

파울은 아직 죽음을 모른다. 부모가 입대를 허락하지 않자 서명을 위조해 참전할 만큼 무구하다. 죽음을 알기까지 긴 시간이 필요하지 않았다. 그는 곧 전장에서 친구를 잃는다. 길지 않은 세월 동안 전부 잃는다. 처음 친구를 잃고 오열하던 파울은 눈앞의 죽음이 반복되자 점점 무표정하게 변해간다. 슬픔의 표출은 슬픔을 느끼게 하는 사건(혹은 대상)과 '나' 사이에 거리가 있을 때만 가능한 일. 슬픔과 '나' 사이의 간격이 더는 남아 있지 않을 때 '나'는 슬픔 그 자체가 되어버린다. 슬픔은 표정을 짓지 않는다. 슬퍼하는 것, 그것을 표현하는 것. 그조차 허망해진 탓이리라. 휴전이 못마땅한 프리드리히 장군은 휴전 이십 분을 남겨두고 공습 명령을 내린다. 세상에서 가장 의미 없고 허무하며 잔혹한 이십 분이 지나간다. 그러는 동안 참호 안에서 파울이 죽는다. 아니 파울도 죽는다. 한 권력자의 명예와 자존심 때문에 피아와 관계없이 수많은 병사가 목숨을 잃는다.

영화 초반부에 나온 대사가 의미심장하게 다가온다. "개에게 뼈다귀를 던져주면 뼈다귀를 물어뜯지. 인간에게 권력을 주면 그 인간은 짐승이 돼." 그러니까 범인은, 권력의 짐승이 된 인간이리라. 어처구니없는 일이지만 유일한 일은 아니다. 우리의 역사를 돌아봐도 그렇다. 권력이란 본래 유해한가. 그런 거라면 권력을 가진 인간이 짐승이 되지 않을 방법은 없는가. 해결책은 모르나 한 가지는 확신할 수 있으리라. 최소한, 권력이

범하는 유해를 최소화하는 것. 그것이 권력자의 일이자 자격이라는 사실.

  전쟁 밖에서도 인간은 쉽게 권력의 짐승이 되고, 짐승이 권력을 함부로 휘두를 때마다 무의미한 죽음이 발생한다. 그것을 막으려면 어떻게 해야 할까. 짐승을, 내몰면 될까? 글쎄. 짐승을 내몰면 또 다른 짐승이 그 자리를 차지하지 않을까? 이러한 비관에는 내가 권력자가 아니라는 안도가 숨어 있는 듯하다. 나와 관계없는 일로 여기고 무관심해지는 것이다. 무관심은 자유를 주는 일과 같다. 달리 말하면 허락이다. 그러므로 권력의 짐승에 의해 무의미한 죽음이 발생할 때마다 '나' 역시 책임을 피할 수 없으리라.

  한 가지 더. 질문을 바꿔보자. 나는 모두에게 무해한가. 대답할 자신은 없다. 권력은 힘이며 힘은 상대적인 것. 나 또한 나보다 유약한 타인에게 함부로 권력을 휘두른 적 많았으리라. 가정으로 말하는 이유는 정확히 기억나지 않기 때문이다. 내가 휘두른 게 권력이 맞는지 확인하려면 맞은

편에 앉은 사람의 표정까지 기억해야 한다. 하지만 그건, 그건 도무지 떠오르지 않는다. 눈치 볼 필요가 없었고, 눈여겨보지도 않았기 때문이리라. 이 사실만으로도 나의 가정은 진실에 가까워진다.

  내가 가진 한 줌의 힘을 함부로 휘두르지 않기 위해서, 또 권력의 위해를 잊지 않기 위해서 무엇을 해야 할까? 전쟁 영화 속 죽음을 보는 것도 미약한 방법이 될 수 있지 않을까? 전쟁 영화만큼 권력의 위해를 정확히 재현한 장르는 드물며 전쟁 영화에는 반드시 죽음의 고통이 등장하니까. 고통스러워도 보는 것이 아니고 고통을 겪기 위해서 화면 앞에 나를 앉혀 본다. 다만 시청을 반복하더라도 무감해지지 않으려고 애써야 하리라. 권력에 의한 무의미한 죽음을 보면서도 고통을 느끼지 못한다면 우리의 현실은 무의미한 고통이 되고 말 테니까.

(2023. 07. 24.)

당신의 회복이 더딘 이유

문진영 소설 『미래의 자리』

 상실 앞의 인간은 쉽게 회복되지 않는다. 안온한 일상을 보내다가도 상실의 기억이 떠오르면 다시 고통을 겪는다. '왜' 이 한 글자에서 시작된 두 가지 의문—'왜 당신이 떠나야 하는가' '왜 나는 남아 있는가' 그것이 해결되지 않기 때문이리라. 가까운 존재를 잃은 일이 그렇다. 사고든 병이든 어떤 사건에 연루된 것이든 죽음에는 원인이 있고, 그것까진 가까스로 이해해 보지만, 납득은 어렵다. 살아남은 이에게 죽음이란 불가해한 일이니까. 다행하게도 시간이 흐른다. 새로운 기억에 오래된 기억이 밀려난다. 치유까지는 아니더라도 제법 괜찮아지는 순간은 온다. 그러나 세월이 흘러도 회복되지 않는 사람은 있다.

곁은 물론 먼 곳에서 발생한 상실마저 직접 겪는 사람들. 사회적 참사가 일어나면 당사자도, 주변인도, 책임자도 아니면서 몸과 마음을 현장으로 보내는 그들 덕분에 세상은 조금 덜 불행해지는데 정작 본인의 상처는 회복되지 않는다. 잠시, 괜찮아질 뿐이다. 세상 곳곳에서 억울하고 비통한 죽음이 반복되기 때문이다. '당사자도 아닌데 네가 왜 아파?'하는 미심쩍은 시선까지 감당해야 한다. 외부의 고통 앞에서조차 이렇다, 이럴 수 있다, 아무리 보여준들 믿지 않는 이들을 이해시킬 방도는 없다. 공감받지 못하는 고통은 안으로 숨어들어 치유할 수 없어지므로 회복은 멀어질밖에. 그렇게 상흔 없이 아픈 사람이 태어난다.

소설 속 '미래'도 그런 사람인 듯하다. 소설 앞에 놓인 윤동주의 시 「병원」 속 '나'처럼 자신의 병을 모르던 미래는 끝내 스스로 세상을 떠난다.

소설엔 구체적인 이유와 과정이 생략돼 있다. 대신 정지된 듯한 오늘을, 그러니까 '미래가 없는' 현재를 살아가는 96년생 세 여자('나래'와 '지해'와 '자람')의 이야기를 들려 준다. 이 구도가 낯설지 않다. 문진영의 전문가는 역시 문진영인가. 애도와 상실 그리고 회복을 담은 그의 이전 소설들에서도 그랬다. 사건의 원인을 파헤치거나 해결을 목적으로 두기보다는 남겨진 주변인을 서술자로 놓고 그들의 하루하루를 보여 준다.

조심스럽고 신중하게. 그래서 더 신뢰할 수 있는 거리감. 나는 그 거리감을 그만의 고유성으로 여기는데, 이 소설에서는 한 걸음 더 다가선다. 한 등장인물이 다른 인물에게 살아내기를 간청한다. 비슷한 말이 소설 뒤에 실린 (발문에 해당하는) '작가 노트'에 한 번 더 나온다. 이야기 안팎에서 전한 그 목소리를 통해 우리는 비로소 읽게 된다. 작가가 상실의 곁에 선 이들에게 이야기의 형태로 전하려는 말을. 그건 혼자만의 육성이 아니라 수많은 상실의 염원일 것이다.

소설은 미래를 이해하기 위한 시도로도 읽힌다. 그리고 그 시도는 예정된 실패로 귀결된다. 안도할 수 있는 건 미래를 잃은 이들이 내일을 기대하기 시작했다는 점이다. 변화를 추동한 건 사람 또는 사랑이다. 상실을 견디고 나아가는 일에 동행만 한 것이 없다는 평범한 사실. 그러나 믿으면 특별해진다. 나는 언젠가 이런 글을 썼다. "평생 사랑하겠다는 약속 안에는 사랑이나 기쁨만 존재할 리 없다. (…) 슬픔은 가장 중요하다. 결속을 결정하는 기준이기 때문이다."

　어느 봄, 진은영 시인의 시 「청혼」을 읽고 쓴 글이었는데 슬픔과 사랑을 동류로 보았다. 바로 이런 이유에서. "완전히 같은 슬픔은 존재하지 않지만, 행위로써 함께 슬퍼하지 못하면 사랑은 불가능하다. 그러니까 사랑을 약속하려면 슬픔도 약속해야 한다. 아니, 애초에 둘은 한 몸인지도 모른다. 슬픔은 사랑의 다른 말이다." 지금도 생각은 변함없고, 슬픔은 상실의 단계 중 하나이다. 그러므로 어느 봄날 전한 당부로 이 글을 마친다. "어느덧 사월이다. (…) 우리, 청혼(請婚)으로든 청혼(請魂)으로든 더 많이 사랑하자. 혼자 사랑하는 이 없도록 함께 사랑하자. 여기서도 사랑은, 다른 말로 바꿔도 된다."

겨울, 한철
조해진 소설 『겨울을 지나가다』

 거대한 슬픔이 찾아올 때 '이 또한 지나가리라' 하는 말을 들으면 화가 났다. '지나가는 동안' 겪게 될 슬픔을 함부로 축소하는 것 같아서. 이제는 얼마간 이해한다. 시간은 제 속도로만 가고, 우리가 타인을 향해 정확한 위로와 바람을 건넬 방법은 많지 않으므로 말로서 썩 괜찮아질 미래라도 가져오는 것 아니겠는가 싶어서다. 다만 여전한 것. 슬픔이 지나가는 슬픔은 아무리 겪은들 익숙해지지 않는다. 매번 처음처럼 고통스럽다. 계절의 순환처럼 반복되는 슬픔 앞에 서면 그것이 인간의 과업으로 느껴지기도 한다. 나는 그러한 슬픔을 조금이라도 덜 힘들게 겪는 방법 알지 못하므로 비슷한 주제나 정서가 담긴 작품을 발견하면 본능적으로 열어 본다. 이야기를 통해서라도 배워두고 싶기 때문이리라.

 서두가 길었다. 오늘은 조해진 작가의 중편소설 『겨울을 지나가다』(2023)에 관한 짧은 소감을 남겨보려고 한다. 나는 이 소설을 마음의 계절이 변하는 과정을 그린 이야기로 읽었다. '겨울이라는 통로'를 지나가는 인물의 발자취를 좇는 독서였다고 해야 할까. 소설은 '정연'과 '미연'이 '엄마'를 잃는 장면으로 시작한다. 그들은 모과나무 아래 엄마를 묻는다. 미연이 집으로 돌아가고 혼자 남은 정연은 겨울의 통로에 들어선다. 시간을 들여 엄마를 떠올리고 부재를 인식하며 자연스럽게 슬픔을 겪는다. 엄마의 집에서, 엄마 옷을 입고, 엄마가 사용하던 물건을 쓰면서. 서두르지 않아도 시간은 흐른다. 이제 정연의 눈에는 녹아 있는 눈과 천변의 해빙이 보이기 시작한다. 겨울이 그를 서서히 지나가고 있던 것이다.

그러는 동안 정연의 곁에는 연한 갈색 털을 가진 개 '정미'가 있었다. "정미는 여전히 엄마를 기다리는 모양이었다. (…) 엄마와의 숨바꼭질이 이어지고 있으며 자신은 언제까지라도 술래 역할을 맡게 될 거라고 여기는 듯했고, 나는 그것이 정미 몫의 행운이라고 생각했다."(70쪽) 그러나 내가 보기엔 정미 역시 애도하고 있는 듯했다. 여기 있던 존재가 눈에 보이지 않을 때 다시 만나게 될 것을 의심하지 않고 이전과 같은 태도로 살아가며 그이를 기다린다는 점에서 오히려 가장 건강한 애도처럼 보였다. 엉뚱한 짐작인가. 그러나 상상해 보자. 인간이 아닌 존재는 그들만의 방식으로 애도할 것이다. 울고, 넘어지고, 고개 숙이는 것만이 슬픔의 몸짓은 아니듯, 남은 이들을 향해 꼬리를 흔들며 계속 살아가는 행태로도 떠난 이를 기릴 수 있을 것이다.

소설 뒤에는 발문이 있다. '독자에게 쓰는 편지'라는 제목의 글인데, 나는 이 글이 지난 몇 해간 읽어 온 발문 중 가장 아름답게 느껴졌다. 일부를 함께 읽어 보자. "한 가지, 기억해주시겠어요? 겨울은 누구에게나 오고, 기필코 끝날 수밖에 없다는 것을요."(138~139쪽) 겨울을 사는 이에게 이 문장은 위로가 될 수 있으리라. 그러나 내가 위로받은 문장은 그다음에 온다. "그대가 소설을 읽은 뒤 저는 속속들이 알지 못하는 그대만의 일상에서 반추하는 시간이 있었으므로, 여기에서 또 하나의 겨울을 통과하는 저는 살아가고 있습니다."(139쪽) 누군가 겨울을 통과하며 살아가고 있다는 글을 읽는데 왜 눈물이 나는지 모르겠다. 이유는 모르더라도 위로가 되었으니 따라 남겨 본다. 우리는 또 한철의 겨울을 지나가고 있습니다. 저마다 살아가고 있다는 말입니다.

(2023. 12. 14.)

3부 소외의 기분

인기척

 혼자 산다는 것은 뼈가 원래 어떻게 생겼는지 비교해 볼 이가 없다는 것.

 셋방에서 혼자 산 지도 꽤 되었다. 글 쓰려고 얻은 작은 방은 볕이 가난한 방. 진종일 창문을 열어 두어도 그림자가 지고 습도가 높다. 가끔은 물속에서 사는 기분이 든다. 물속이 그렇듯 이 방에선 말소리가 거의 들리지 않는다. 내 방의 자랑은 고요이다.

 소란에 가담하던 시절이 내게도 있었다. 전생 같은 날들은 지나가고— 이제는 말 없는 순간이

편하다. 타인과 별것 아닌 말에 상처를 주고받거나 너무 많은 말을 내뱉고 나면 말 없는 세상을 꿈꾸기도 한다. 혼자 사는 방은 꿈을 이루기 좋은 방. 연이 다한 사람들이 소리 없이 다녀가는 곳이기도 하다. 만날 수 없으므로 허락 없이 불러낸다. 밥 먹다가도 청소하다가도 떠오르는 사람이 있다. 나는 혼자가 아니다, 자꾸 혼자가 아니다.

함께 살면 눈 감고도 알 수 있는 것들이 있다.
문을 열자마자 냉장고로 향하면 '목이 많이 말랐구나' '저녁을 든든히 먹지 못했구나' 상상하고, 쿵쿵대는 발소리에는 '오늘도 마음이 무겁구나' '힘든 하루였구나' 짐작한다. 방안에서 눈 감고 소리로 동작을 그릴 때마다 몸이 내는 소리가 진실에 가장 가깝다고 느낀다.
언젠가 꿈을 꾸었다. 보고 싶은 사람의 맨얼굴이 잘 익은 사과처럼 눈앞으로 후둑 다가왔다. 그로부터 우리는 침묵했다. 이유는 모른다. 같은 숨을 먹는 소리, 눈이 빛을 내는 소리, 잠든 머리카락이 뒤척이는 소리…… 몸의 소리 가득한 그 순간이 나는 몹시 반갑고 슬퍼서 눈 뜨고 싶지 않았다. 영원이어도 좋았다.

현실이 아님은 알고 있었다. 내 앞의 당신은 이제 볼 수 없는 사람. 얼굴이 떠오르지 않아도 한눈에 알아보는구나, 말하지 않아도 들을 수 있구나, 그런 생각에 웃었는데 얼마 지나지 않아 꿈은 나를 밖으로 밀어냈다.

애써 다시 잠들어도 당신은 보이지 않았다. 가만히 누워 생각하는데 불러낼 얼굴이 없었다. 소리는 다가오지 않았다. 한동안 그런 채로 있었다.

샘

  셋방 앞에는 풀이 우거져 있어서 비가 내리면 소리가 먼저 다가옵니다. 물이 풀에 닿아 비가 잎에 입 맞추는 소리가 신호입니다. 커피잔을 들고 일어납니다. 열어 둔 창문으로 다가갑니다. 어느 절의 백구처럼 멍하니 빗소리를 바라봅니다. 그러고 있으면 가슴께에 차오르는 것이 있습니다. 그게 무언지 알 수 없지만 저절로 알게 되는 건 있습니다. 빗물이 만드는 웅덩이가 꼭 땅에만 생기는 건 아니라는 사실 말입니다. 이제 책상으로 회귀할 시간입니다.

희망을 바다로 펼치다가 조그마한 샘을 남기는 일. 바다를 기억하는 이 없어도 아마도 저기쯤, 하며 손짓할 사람을 위해 서투름을 모아 여백을 남기는 일.
　나에게 글쓰기가 그런 셈입니다.

홀수

 여기는 초등학교 운동장.
 왼쪽 허리에 축구공을 낀 아이가 주먹을 내민다. 맞은편에 선 아이와 동시에 외친다. 가위바위보. 이긴 쪽이 먼저 한 아이를 호명하자 진 쪽에서 다른 아이의 이름을 부른다. 모두의 이름이 불릴 때까지 반복한다. 이것은 편을 나누는 우리의 방식.
 다 뽑았지? 편이 정해진 한 아이의 말에 또래보다 작은 아이 하나가 몰래 고개를 돌린다. 그 장면을 누군가 발견한다. 쟤 안 뽑았잖아.

짝수는 짝이 있어 짝수, 홀수는 홀로 남아 홀수. 그래서 홀수에는 슬픔이 있다. 한 사람 몫의 슬픔.

  편을 뽑던 두 아이가 한 번 더 주먹을 모은다. 어쩐지 나른해진 표정. 아무도 궁금해하지 않는 마지막 승부가 끝나고, 아이들은 흙먼지를 일으키며 갈라진다. 뒤따르는 얼굴. 마지막에 뽑힌 아이의 얼굴이 붉어진다. 깍두기라서, 삼파전에서 혼자 진다. 경기는 아직 시작도 안 했는데.

  이것은 나의 어릴 적 이야기. 언제나 깍두기는 나였다. 어떤 기분이었느냐고 묻는다면

  내가 나를 벗어나고 싶은 기분이었다.

  마트에서 찬거리를 사 들고 셋방으로 가는 길.

  바람은 왜 이렇게 화가 난 건지 마스크 위에 걸쳐 둔 안경이 자꾸 내려간다. 눈으로 모래가 들어온다. 고개 돌리자 조팝나무가 보인다. 별안간 고기 냄새가 따라붙는다. 바람이 몰고 온 허기에 나는 조팝꽃이 된다. 이름도 영 아름답지 않은 그

꽃은 꽃말조차 헛고생이다.

　사는 게 참, 꽃 같다.

　셋방 근처에 다다르자 내 방만한 트럭이 보인다. 골목대장처럼 좁은 길을 가로막고 서 있다. 가는 날이 장날이라더니 나의 장날은 하필 공구리 치는 날. 셋방 건물을 눈앞에 두고도 돌아 걷는다. 모퉁이를 도는데 종아리가 잘린 갈고리가 날아든다. 나를 향한 오래된 물음표.

　너는 대체 언제 피는 거지?

　허리를 굽히고 편지를 쓴다. 그게 내 일이다. 일은 보내도 사라지지 않아서 나는 늘 바쁘다. 시작할 때 옆에 있던 이들도 바빠 보인다. 바쁜 게 보인다. 그들이 하나둘 양장으로 된 책을 내는 동안 내 차례는 오지 않았다. 어릴 때는 마지막에 뽑혔는데 깍두기는 자라 묵은지가 되었다. 폭 익기만 한다.

　나의 편지 중에는 당락이 결정되는 것들도 있다. 답서(결과 발표)를 마주하기 전부터 예감한다. 이번에도 답은 없다고. 인생을 대하듯 인정한다.

표정은 숨기지 못한다. 무던한 J도 알아차릴 만큼 굳어진다. 그런 날마다 나는 과거를 예언한다.

안 될 줄 알았어. 조짐이 보였거든.

음. 그러니까…… 조졌다는 거지?

뭐 크게 다를 것도 없는 말이긴 하나 나는 이것을 실패로 생각하지 않기로 한다. 과정으로 여긴다. 누군가 겪어야 할 기분이라면 익숙한 이가 겪는 게 낫지 않은가? 이렇게라도 공동체에 보탬이 되면 좋은 거 아닌가? 낙관해 봐도 답답하다. 중요한 사람까지는 바라지 않지만 여분의 존재는 조금 슬프다.

불을 끄고 누우면 선명해진다. 어디에도 나를 비추는 빛이 없다는 게. 그런 밤마다 내가 누운 곳이 연옥처럼 느껴진다. 이 기다림이 끝나기는 할는지. 그 끝엔 좀더 나은 무언가가 있기는 한지. 의심하다 이름 없는 아침을 만난다.

새 아침엔 손이 바쁘다. 뭐라도 쓴다. 약속이 없는데 머리를 만지며 외출을 준비하는 사람처럼, 그런 주말처럼. 연락 없이 날이 저물면 기도한다. 내가 양장으로 된 책을 내기 전까지는 세상이 망하지 않기를.

기도하는 마음은 신기하다. 종교 없는 내가 무언가 소망한다는 게. 내게 그런 것이 남아 있다는 게. 마주 모은 손바닥이 슬픔을 밀어낸다는 게.

오늘도 기도로 하루를 닫는다. 여분 없는 한 사람 몫의 기도. 나의 기도는 슬픔 없는 홀수이다.

혼자만의 것들

1

 병원은 고향이다. 내가 아는 사람은 다 병원에서 태어났다. 병원은 종착지이다. 내가 알던 노인은 대부분 그곳에서 고인이 되었다. 탄생과 죽음, 시작과 끝이 모인 병원은 아픈 사람들의 집이다.
 몇 해 전 여름. 가족이 아파서 한동안 집과 병원을 오갔다. 우리의 임시 거처는 다인실. 그곳엔 세 사람이 더 있었다. 족발을 먹다 장염에 걸려 입원한 콩나물 공장 사장님, 킥보드를 타다 교통사고를 당한 대학생, 혈당을 조절하려고 매일 병실 복도를 산책하는 무릎 아픈 할머니까지 여러 세계가 한 방에 살았다. 모두 살아 있었다. 살아 있어서 아팠다.

아픔은 얼마간 죄스러운 데가 있다. 잘못 없는데도 사람을 피하게 만들고 어깨를 움츠리게 한다. 병원에서는 다르다. 당당히 아파한다. 아프지 않으면 움츠린다. 가령 병원에 갔는데 갑자기 아프지 않을 때는

제가 여기 오기 전에는 정말 아팠거든요.

의사 앞에서 지나간 고통을 고백하는 일은 늘 겸연쩍다. 정말 아팠는데. 아픔은 혼자만의 것. 공유할 수 없어서 고유하다.

2

손가락을 다쳤다. 날카로운 무언가에 베인 모양이다. 키보드를 두드릴 때마다 신경이 곤두선다. 애써 무시하자 상처가 기분이 상했는지 힘을 내기 시작한다. 가시에 찔린 듯 따끔거린다. 무시

는 언제나 무시무시한 일을 벌이는구나. 웃어넘기려고 해도 어쩐지 우울해진다.

우울은 마음의 감기라고 하던데 나는 동의할 수 없다. 주말쯤이라 하면 고개를 끄덕일 텐데. 못해도 일주일에 두어 번쯤 찾아오는 우울 앞에서 나는 열쇠를 잃어버린 사람처럼 이유를 찾아 헤맨다. 손가락을 다쳐서 그런가. 며칠 전 만난 사람의 눈빛 때문인가. 점심때 먹은 김밥이 상했나. 그게 아니면 내가 나인 게 문제인가. 고민해봐도 원인을 찾지 못한다. 설명하지 못한다. 기어이 우울 속에 풍덩 빠진다. 바다에 마음을 두고 온 것 같아 바다 바닥을 허적이는 마음. 그만하고 싶지만 그만두지 못한다. 울지 말라 말하면 더 깊게 울 것 같아서, 그냥 잠시 이러고 있자, 말한다.

3

사람이 지겨운 적 있다. 밥 먹는 것도, 웃는 것

도 보기 힘들어 밥그릇에 얼굴을 파묻고, 웃음소리 들리면 깍두기나 단무지를 꽝꽝 씹게 되는 그런 날. 특정인을 미워하는 것과는 다르다. 이건 그냥 심술이다. 다행히 사람이 지겨운 마음은 시간이 흐르면 회복된다. 기분이 좋으면 사람도 좋아 보이거든. 하나 사는 게 지겨울 때는 방법이 없다.

눈을 떴는데 감고 싶은 날. 왜 무너지지 않았느냐며 천장을 노려보다가 우체국에 가려고 집을 나선다. 횡단보도를 건너는데 누구보다 좌우를 꼼꼼히 살피고 있는 거야, 내가. 죽지 않으려고. 살려고. 웃겨서 웃는다.

돌아가는 길에 육교를 오른다. 사이렌 소리가 들려온다. 내려다보니 구급차가 지나가고 있다. 멀어지는 것이 소리인지 다른 무엇인지 잠시 상상하다가 앞에서 들려온 목소리에 깜짝 놀라고 만다.

오늘은 정말 행복한 날이야!

아마 열 살쯤. 세상에 그런 말이 소리로도 존재

한다는 걸 널 보며 처음 배워.

4

　물을 사야 해.

　혼자 사는 S가 말한다. 벌써 세 번째. 나눠 마실 사람이 없으면 물 사는 것도 깜빡하는 일상. 장보기를 앞두고 메모하듯 그 말을 반복한다. 그러다 꿈 이야기를 꺼낸다. 요즘 들어 매일 밤 꿈을 꾸는데 매번 어디서도 본 적 없는 흥미로운 서사가 펼쳐진단다. 그 내용을 영화나 소설로 만들면 큰 인기를 끌 거라는 호언을 덧붙이면서. 대체 어떤 내용이었느냐고 묻자 조금도 기억나지 않는다는 허망한 답변이 돌아온다.

　기억에서 사라지기 전에 적어두었다가 너에게 전해주고 싶었는데 몸이 꿈쩍도 하지 않는 거야.

　S의 얼굴에 아쉬움이 가득하다. 내용보다 중요한 무언가를 가득 전해 받은 기분!

내게도 잠들기 전 갑자기 찾아와 손 쓰기 전에 떠나간 문장이 많다. 그러한 문장이야말로 세상 가장 좋은 글이라고 생각한다. 확인할 수 없으니 그런 거로 해두자.

어젯밤에도 미문이 머릿속을 지나갔다. 흔적을 남기지 못하고 잠들었다. 새 아침에 곰곰 떠올려 보았으나 지나간 것은 돌아오지 않았다. 흩어져버린 찰나의 아름다움. 우리는 그것을 다시 만나기 위해 살아가는지도 모른다.

속도

먼 길을 가려고 기차에 오른다. 의자에 몸을 깊게 파묻고 창밖을 보는데 한 남자가 다가와 나를 일어서게 하더니 창가 쪽에 앉는다. 남자는 가방을 무릎에 얹고 무언가를 꺼내 든다. 얇은 종이를 벗겨내자 번의 동그란 이마가 드러난다. 아니 엉덩이였나.

점심을 못 먹어서요. 하나 드릴까요? 두 갠데.

처음 보는 사람에게 먹을 것을 건네는 사람은 처음 본다. 정중히 거절하고서 눈을 감는다. 한참 내달리던 기차가 멈춘다. 햄버거 두 개를 허겁지

겁 삼킨 남자는 잠들어 있다.

에스컬레이터를 오르는데 등 뒤에서 둔탁한 구두 소리가 따라붙는다. 돌아보니 낯이 익다. 햄버거 남자는 에스컬레이터를 계단처럼 걸어 오르더니 출구를 향해 달려간다. 밥도 잠도 미루고 시간을 달리는 남자의 뒷모습이 멀어진다.

낯선 도시에 올 때마다 길을 잃는다. 한참 헤맨 탓인지 날은 차고 어둡다. 가야 할 곳도 머물 곳도 없다. 그러자고 떠나온 터였다. 장소는 역에서 물색했다. 적당히 한적한 곳, 먼발치에 바다나 산이 있는 곳, 나를 아는 사람이 아무도 없는 곳,

비울 곳.

허름한 국밥집 앞에서 발길이 멈춘다. 문을 열고 들어가 자리에 앉는다. 메뉴를 고르려다 식당 주인과 눈이 마주친다. 주인이 손가락으로 가리킨 벽면에는 '돼지국밥' 네 글자만 덩그러니 쓰여 있다. 가격의 앞 숫자만 새 종이로 덧대 놓은 벽면 메뉴판을 보고 나는 고개를 끄덕인다. 옆 테이

블에선 중년의 두 사람이 국밥을 먹고 있다.

두 사람은 대화가 없다. 밥을 국에 말지 않고 한 숟가락씩 천천히 떠먹는 여자와 달리, 남자는 뚝배기에 담긴 국밥을 허겁지겁 비워내고 있다. 서로의 속도에 관심 없는 사이처럼.

마음의 결이 너무 다른 사람과 일주일 넘게 점심을 함께 먹은 적 있다. 처음 며칠은 속도를 맞추다가 그 뒤론 내가 속도를 내었다. 먼저 다 먹고 식당을 빠져나오면 그가 반색했다. 그게 편한 사이였다.

주문한 국밥이 나와서 한술 뜨려는데 옆 테이블의 남자가 일어선다. 먼저 나가려나 짐작하는데 남자의 발길이 조리실로 향한다. 잠시 후 테이블로 돌아온 남자는 깍두기가 담긴 그릇을 여자 앞에 내려놓고 자리에 앉아 턱을 괸다.

이 집 잘하지?

여자는 고개를 끄덕이며 깍두기를 입에 가져간다. 천천히, 서두르는 기색 없이. 서로의 속도가 관계없는 사이처럼.

나는 벌써 돌아갈 궁리를 시작한다. 돌아가면 당신이 좋아하는 국수를 같이 먹어야지. 다 먹고도 기다려야지. 맛이 어떠냐며 한참 바라봐야지. 비우자고 떠나온 처지에 나는 또 무언갈 채운다. 천천히, 국밥만 비운다.

겨울이 오기 전에

먹는 얘기부터 할까.

마트에 들러 귤부터 사둔다. 라면이나 즉석밥을 쟁여 놓듯 귤 한 상자 집에 놓아두면 얼마나 든든한지 모른다.

조물조물 만지다가 껍질을 벗긴다. 허기진 내 손은 귤락을 떼어 낼 틈을 주지 않는다. 손이 노래지지만 속은 차지 않는다. 뭔가 더 필요해!

외투를 걸쳐 입고 농협 앞 붕어빵 가게로 간다. 사천 원에 여섯 개. 가격을 보고 시무룩하다가 마음을 고쳐먹는다. 수산물치고는 싸잖아. 알맞게

단 팥 맛에 기분이 좋아진다. 이제 희고 길고 추운 날들을 대비해야지.

두꺼운 이불을 꺼내고 베갯잇을 바꾼다. 올겨울엔 외출이 잦을 것 같아서 인터넷으로 장갑도 봐둔다. 내복도 새로 사야지. 마지막으로 오래된 나무로 성벽을 쌓듯이 한겨울에 어울리는 책들을 책상 한쪽에 쌓아둔다. 그중엔 시집도 있다. 겨울엔 시가 필요한데 이 얘긴 좀 미루고.

외투 지퍼를 턱까지 끌어 올리고 길을 나선다. 겨울을 견딜 몸을 만들기 위해 고작 걷는다. 삼십 분쯤 지나자 움츠려온 어깨가 펴진다. 따라 세상의 정경이 눈에 담긴다. 허영한 하늘과 교차하는 사람들. 그리고 나무.

앙상한 나무들은 몸통이 선명하다. 동쪽보다 서쪽에 선 나무가 더 그렇다. 때로 침묵이 한 사람의 진심을 보여 주기도 하듯 잎 없는 겨울은 나무의 형상을 보여 준다. 어떤 나무는 올곧고 또 어떤 나무는 휘어 있다. 휜 나무와 곧은 나무 사이를 침범하듯 걷다 보면 평소 인식해 온 나무의

원형이 멀어진다. 휘거나 곧거나 전부 나무구나. 잘 자라서, 잘 사는구나. 우리도 그런가?

산책로를 지나자 억새 숲이 펼쳐진다. 땅에서 핀 눈처럼 흰빛으로 살랑이는 억새잎! 비로소 겨울 앞에 선 기분이다. 추위가 낯설어질 때까지 걷고 또 걸어도 겨울은 제 시간을 채우지 않고는 물러가지 않을 것이다. 그래도 너무 춥지는 않길 바라서 겨울이 오는 소리에 걸음을 서두른다.

이제 미뤄둔 얘길 해 보자.

시 읽기 좋은 계절은 따로 없지만 겨울에 읽은 시가 유독 마음에 남는다. 알고 읽는 건 아니다. 여전히 시는 낯설다. 발음하면 소리만 겨우 아는 외국어처럼 들리고, 펼쳐 놓으면 도슨트 없이 명화 앞에 홀로 선 기분이다. 아름답고 막막하다.

그런 내가 시를 쓰겠다고 나선 건 지금 생각해도 이상한 다짐이다. 어쩌자고 짓기로 한 건지. 아마도 새로운 형식이 필요했던 것 같다. 글은 내가 살아가는 형식. 때맞은 태도와 차림이 있다.

얼마 전까지 산문처럼 살았다. 설명이 필요한 밤이 많았고, 차분한 다독임이 절실했다. 이해하지 못한 채 살아가기 두려워서 일정한 분량과 맥락을 요구했다. 지금은 정직한 산문보다 모호한 시가 어울리는 시기인 듯하다.

당분간 시를 짓는 마음으로 조금 느리게 살아가야지. 혼자 올, 겨울을 대비해야지. 시로 향한 외사랑으로.

벌써 12월이다. 드디어 보온용 타이츠를 꺼낸다. 타이츠를 입으면 겨울 동안 만사가 오케이라는 사실은 군대에서 배웠다. 이제는 타이츠 없이 추운 겨울을 나는 법을 모른다. 시도 그랬으면 한다. 시 없이는, 이 춥고 긴 겨울을 나는 법을 끝내 모르기를.

아침부터 타이츠를 입고 시를 기다린다. 혹시 창문으로 들어올까 싶어 창문을 열고 머리 위의 파랑을 넋 놓고 바라보는데 찬바람이 스민다. 얼굴은 얼얼하고 숨은 깨끗하다. 좋기도 하고 슬프기도 한 여러 기억이 뒤섞여 지나간다. 아침부터 겨울이 내 몸에 시를 짓고 있었다.

이새벽

 모든 것이 잠들어버린 순간을 좋아한다. 서늘한 공기와 그보다 차가운 바람이 온 세상을 독재하는 겨울 새벽은 각자의 방으로 숨어든 사람들과 만나기 좋은 때이다.

 연락할 수 없는 마음이 고이면 가까운 것들에겐 거리를 두고, 멀리 둔 기억 몇 개를 가져와 두 눈에 댄다. 어느 추운 겨울, 새벽, 술로 데워진 몸, 마주 잡은 희고 찬 손, 영영 돌려받지 못할 눈빛. 그것을 눈에 대자 한 시절의 서투름이 아래로 녹아내린다. 발아래 강이 고인다. 고립과 고독이 순서대로 흐른다. 흐름 안에서 소외를 배운다. 기억 속에 영혼을 유폐한 채 볕이 들면 사라질 강을 유영한다. 타인과 세상 앞에 다정해지기 위한 과정이다.

날이 밝으면 스마트폰으로 사람을 만난다.

소셜미디어로 관계를 살핀다. 이 사람과 저 사람의 대화를 보려고 나는 그것을 한다.

대화의 주인공은 주로 글 쓰거나 책 만드는 사람들. 그들이 공개한 고민과 약속 중에는 내게 익숙한 것들이 있다. 가령 글쓰기, 연재, 마감, 양장에 관한.

반가워도 대화에 끼어들지 않는다. 나도 그 마음 안다고 설명할 재주가 없어서 '좋아요' 뒤에 숨는다. 욕망은 재채기 같아서 완벽히 참기는 힘들다. 내가 말을 걸었다면 그것은 긴 시간 지켜보았다는 것. 스스로 만든 오랜 친밀감에 속아버렸다는 것. 그러나 정작 필요할 때 둘러보면 말 걸 사람이 없다. 나는 어색해지고 이상해지고 온전히 혼자가 되고 만다.

하는 일을 나누면 동료가 된다. 우리는 동료가 아니어서, 나는 낮에도 새벽이어서, 멀찍이 서 그들을 지켜본다.
　글을 쓰기 전에도 동료는 없었다. 직장과 군대에선 적응에 애를 먹었다. 끝내 섞이지 못했다. 동시에 아는 사람들과 잘 지내서, 명랑해서, 그 괴리가 나를 곤혹스럽게 만들었다. 그 시절에 배운 것이 있다면 마음은 보낸 크기대로 되돌아오는 법이 없다는 것(나 역시 상대의 마음을 온전히 갚아준 적 없다), 섞여 있지 않아도 살아갈 수 있다는 것. 배운 게 쏠만해서 그 시절을 긍정한다.

　좋아하는 일을 하다 보니 일하기 싫을 때도 일의 주변에서 논다. 비슷한 분야에서 활동 중인 사람을 둘러보는 게 나의 취미이다. 취미가 취집(聚集)처럼 느껴질 때가 있다. 나를 미혹시키는 창작자를 발견할 때. 함께 일하고 싶어져 이름을 모은다. 제의는 하지 않는다. 가진 건 의지뿐이고, 의지는 빈손이라서, 보이지 않아서, 믿음을 줄 수 없어서 목록만 채운다. 나는 가진 이름이 많다.

　문학 플랫폼에 가입하거나 소식지를 구독할 때마다 글 쓰는 이름을 자주 잊는다. 해서 지켜보는 이름을 적어둔다. 고민 없이 지은 그 이름은

　이새벽.

　날마다 다가오는 새로운 벽 혹은 목격이 자유로운 시간을 뜻한다.

　벽에 관한 장면 하나.

　헤어지는 중이었다. 나란히 서서 신호가 바뀌길 기다렸다. 그때 J가 바닥에 주저앉았다.

　사는 게 너무 힘들다.

　그러더니 소리 내 울었다. 선득해진 나는 허리를 구부린 채 그의 어깨에 손을 내려놓았다.

　그래 실컷 울어라.

　울음을 부추기고는 바닥에 앉았다. 신호등이 파랗게 변했다. 호기심과 황당함이 뒤섞인 시선이 우리의 정수를 빠르게 훑고 흩어졌다. 새삼 눈물은 주인에 대한 배려가 없다는 생각이 들었다.

사는 일이 슬픔을 모으는 일처럼 느껴지는 날이 내게도 있었다. 그 어디에도 포함되지 못한 채 바라는 일 하나 이루어지지 않던 나날들. 그때는 세상이 벽처럼 느껴졌다. 뛰어넘을 수도, 헤쳐 나갈 수도 없는 단단한 벽. 그런 벽에도 기대어 쉴 수 있다는 걸 안 지는 얼마 되지 않았다.

 벽에 기대 쉬다 보면 다시 일어날 힘이 생겼다. 하루조차 견디기 힘든데 또 하루를 견뎌낼 힘이 내게서 차오른다는 게 믿기지 않았다. 그 어김없는 반복을 겪으며 내가 배운 것은 세상이 힘든 만큼 우리도 적응하고 있다는 퍽 아픈 사실. 아프지만 희망이기도 하다.

 어느 새벽에든 혼자인 사람들이 있다. 나는 종종 그들을 지켜본다. 티 내지는 않는다. 댓글과 답글은 오전 아홉 시부터. 아주 급한 일 아니면 오후 여섯 시 이후로는 담당자에게도 연락을 삼간다. 원고가 새벽에 끝나도 메일은 아침으로 예약해 둔다. 새벽엔 '좋아요'도 자제한다. 알림으로 피해를 주기 싫어서. 그러니까 당신이 깨지 않고 곤히 자는 게 더 좋아요. 당신이 올린 그 무엇보다.

혼자지만 혼자가 아닌 채 이 새벽을 보내온 사람은 모두 나의 동료이다. 그들이 어떤 사람이냐면 너그러운 사람, 숨을 줄 아는 사람, 음울한 그림자를 밟고서 세상에 웃어보는 사람. 새벽의 동료들은 인간을 다정하게 만든다. 오래 배운 믿음이다.

한겨울

 태양이 서쪽으로 기울기 시작하면 길을 나선다. 하천을 끼고 둥근 땅을 돈다. 멀찍이 걸어가는 뒷모습을 바라본다. 내가 속도를 늦추면 더 멀어질 뒷모습, 훗날 떠올려도 내내 멀어질 그림자를 저만치 먼저 보낸다. 멀어지고, 사라지고, 희미해지고, 끝내 떠올리지 못해 그리운 얼굴 하나가 형체 없이 지나간다.
 다가오는 건 마지막 마음.
 기억에 박제된 마음은 늘 이런 식이다. 더 가까워서, 더 놀라서, 더 오래 만져서 처음을 모른다.

싱겁게 찾아온 두 번째 작별에 고개를 돌린다. 뉘엿뉘엿 해가 잠든다. 한겨울은 약하고 연한 마음이 힘을 내는 계절. 이 계절에 우리가 할 일은 첫 마음의 안부를 묻는 일. 지나간 시절의 우리를 오래, 좋아할 수 있게, 혼자서 순서를 뒤섞는 일. 그런 안간힘 혹은 뒷걸음.

시간이 지나가면

 엄마와 수원에 갔다. 초행이었다.

 집으로 돌아가는 기차는 한 시간 뒤로 예정돼 있었다. 간단한 요깃거리를 찾아 지하상가를 돌아다녔다. 그때 우리는 한 가지 문제를 간과했다. 내가 심한 길치라는 것. 난생처음 온 수원의 지하상가를 뱅그르르 돌았다. 여긴 아까 온 곳인데, 아까 거긴 어떻게 가더라, 고민하는데 엄마의 의심 어린 시선이 느껴졌다. 나는 얼른 말했다.

 걱정하지 마. 나는 길을 알아.

 정말?

여기도 대전과 다를 게 없네.

너는 거기서도 헤매잖아.

수원은 좀 다르네.

왜 나는 지하도만 내려오면 길을 (더) 헤맬까. 허세가 잘되지 않는 건 허기 때문인가. 저녁도 먹지 않고 공연장에서 진을 뺐더니 기운이 없었다. 길을 잃은 기분. 입구도 찾지 못해 맴돌다 시간이 다 돼서 기차를 탔다.

집에 가서 먹자. 그러고서 눈을 감았다. 한담을 나누기엔 둘 다 지쳐 있었다. 꽤 긴 여행이었다.

공연을 보러 수원에 가자고 한 건 엄마였다.

제일 가까운 곳이 수원이야.

연말쯤 대전에서도 하지 않을까?

글쎄. 안 할 수도 있잖아.

엄마가 욕망에 따른 건 거의 처음이었다. 나를 닮아 그런지 보통은 포기를 선택했다. 이번엔 달랐다.

가수의 공연을 보러 간 것도, 둘이 함께 도시를 넘어간 것도 처음이었다. 이게 뭐라고. 뭐 대단한 거라고 한 번을 못 해봤을까. 이렇게 좋아하는데.

몇 달 전까지만 해도 우리는 병원에 있었다. 엄마가 입원했고, 퇴원 후엔 내가 환자가 되었다. 우리는 회복했지만 어딘가 달라져 있었다. 시간에 대한 두려움 혹은 허망함 같은 것들이 후유증처럼 남은 것도 같았다.

기차가 천안을 지나칠 즈음. 눈을 감고 있는데 엄마가 말했다.

나중에 생각나겠다. 우리 오늘 헤맨 거.

그러게.

나중에 너 혼자 생각하면 슬플 거야.

나는 대답 없이 급히 잠을 청했다.

시간이 하는 짓 중에 가장 못된 짓이라면, 둘이 나눈 기억을 한 사람에게만 남겨두는 것일지도 모른다. 시간이 감히 우리를 소외시킬지라도 좋은 기억을 하나라도 더 남기고 싶다. 하루라도 더. 함께.

엄마와 카카오톡 메시지를 자주 주고받는다.

대화 주제는 주로 밥과 잠이다. '잘 잤어?' '밥 맛있게 먹어' '잘 자' 빤한 말을 주고받다 보니 우리가 건넬 말을 손이 기억할 때도 있다.

— 자라.

— 벌써?

— 아, 참. 낮이지.

엄마의 습관성 취침 인사에 웃던 나는 공연 이야기를 꺼냈다.

— 그때 정말 좋았지.

— 좋긴 했는데.

— 했는데?

— 긴장해서 그런지 한 번 더 봐야 알 것 같아.

겨울이 다가오고, 한 가지 소식을 들었다. 연말에 대전에서 그 가수의 공연이 열린다는 소식. 예매가 시작되었고, 다행히 표를 구했다. 이번엔 헤매지 말아야지. 아니, 헤매도 좋겠지. 시간이 훌쩍 지나가면 좋겠다.

일상의 바깥

 세상은 서울에게 다정하다.
 망원, 합정, 서초, 광화문 같은 이름 앞에 '서울시'라는 성을 붙이면 무정한 사람이 된다. 책에서도, 미디어에서도, 서울 밖에서도 그런다. 다정은 전염되고— 나는 살아 본 적 없는 그곳을 발없이 거닌다. 어디가 어딘지 몰라서 헤매진 못한다. 서울엔 망한 사람이 많아서 밤이 되게 길다던데. 그곳에서 밤을 만나면 동향이라 부를지도 모르겠다.
 기차로 한두 시간 거리에 살지만 내게 서울은

그보다 먼 곳이다. 업무 미팅 아니면 상경할 이유가 없다. 나 없이도 나의 일은 서울을 종종 간다. 계약은 우편과 메신저로, 원고는 메일로 주고받는다. 그러는 동안 나의 몸은 겨우 동네를 거닌다. 이유가 없어도 나가고 일이 잘 풀리지 않을 때도 걷는다. 걷는 게 직업인 사람처럼, 잃어버린 무언가를 찾는 사람처럼. 내게 산책은 숨 같기도 해서.

시간이 드물게 천천히 가는 시간, 평일 오후.

산책로에는 젊은 사람이 보이지 않는다. 다들 어디로 간 걸까. 기실 세상에는 사람이 별로 없는 건 아닐까. 상당히 헛되고 조금은 간절한 질문을 머리에 두고 걷는다.

평평한 땅을 걷는 노인들은 형형색색 등산복 차림이다. 그 아래서 늙은 개가 숨을 헐떡인다. 까르르 웃음소리에 고개 돌려 보면 공원 벤치 위에서 어린 빛들이 반짝인다. 눈부시다, 여러모로.

평화로운 이곳은 중심이 아닌 주변부. 이곳에

서 나는 '이곳에 없음'으로 바쁨을 증명하는 사람들을 떠올린다. 회사원, 화물 트럭 운전사, 보험 설계사, 가스 검침원, 소방관…… 보편의 시간을 사는 그들을 잠시 경외한다. 세상에 나를 더부살이하게 해주는 것 같아서.

  산책을 마치고 돌아와 창문을 연다. 시선은 떨어지지 않은 해를 향해 오른다. 유독 긴 한낮을 보낼 때마다 일상의 바깥에서 사는 기분이 든다. 내가 외떨어진 것이 시간인지 공간인지 정확히 알지 못한다. 다만 어디서 어떤 시간을 살든 외로울 수 있겠다는 믿음은 있다. 더는 '소망할 필요 없음'으로 소유를 증명하는 믿음.

  주변부 생활에도 기쁨은 있다. 슬픔도 있다. 중심에서 사는 일과 다를 거라는, 사람들의 오랜 오해가 있다. 여기서 살아본 적도 없으면서. 나는 그게 재밌다.

셋방에 저녁이 온다.

창문 너머로 퇴근자의 차 소리와 뒷모습이 연이어 지나간다. 하루가 저무는 고요 속에서 서울의 소요를 그려 본다. 망원과 마포와 홍대의 행사. 어쩐지 작가들이 모여 떠들 것 같은 파주의 카페. 부러움보다는 그리움에 가까운, 가 본 적 없는 그곳으로 마음을 써 본다. '나는 충분한 여기에서 잘 지내고 있어요'로 시작하는 편지의 끝은 늘 이렇게.

대전에서 글 쓰며 혼자 지내요.
성심으로, 린과 함께.

택은 없지만 이건 지방 시
상경 없이 만난 우리

감사의 말

1

 이 책을 대표하는 세 가지 낱말—'무기력' '상실' 그리고 '소외' 사이엔 연관이 없다. 초고를 쓴 시기도 다르다. 다양한 원고를 엮은 무정형 작품집이기 때문인데, 세 편의 이야기를 한 권에 담은 의도와 과정은 이러했다.

 1부는 이야기 형식(소설적 구성)이길 바랐다. 다시 책을 만들게 된 계기와 진행 과정을 적고, 그 사이를 (전개에 필요한) 기억의 조각들로 채웠다. 순서상 중앙에 해당하는 2부에는 문학 칼럼(비평문)을 두었다. '기둥'을 뜻하는 '칼럼'(Column)의 의미 그대로 책의 중심을 잡아주는 역할을 기대하며. 마지막으로 3부에는 지금껏 가장 자유롭게 작업한 산문을 모았다. 읽는 이에게도 '혼자'와 '겨울' 그리고 '자유'의 정서가 전해지길, 책을 덮고서 안온히 멀어지기를. 그런 희원을 담아.

한 배우가 여러 작품에서 매번 다른 인물을 연기하듯, 각 부의 성격에 맞게 문체를 달리했는데, 그래서 이 책은 한 통에 담긴 세 가지 맛 아이스크림처럼 부마다 다른 맛이 난다(고 생각한다). 당신의 문학적 고유성(스타일)은 무엇인가. 질문받는다면 이 책으로 답할 수 있게 되었다. 다양하고, 유연하게. 앞으로도 그렇게 쓰고 싶다.

원고를 쓰는 동안 자주 들은 노래가 있다. 가수 아이유가 (가사를) 짓고, 부른 「시간의 바깥」. 한 시절 어긋난 인연이 시간의 바깥에서 재회한다는 내용의 노래인데, 내겐 과거의 나를 현재의 내가 발견하는 서사로 다가왔다. 같은 가수가 (가사를) 쓰고, 가창한 「아이와 나의 바다」도 매번 함께 들었다. 들을 때마다 긴 시간을 통과해 자신과 화해하는 장면이 떠올랐다. 곁에 두고 작업한 탓인지, 이 책의 서사와 무관해 보이지 않는다. 그래도 된다면, 두 곡을 이 책의 주제곡으로 삼고 싶다.

원고 쓸 때 음악에 기댔다면, 책 만들 땐 사람에게 의지했다. 신세 진 건 처음이 아니다. 창작자로 살며 많은 분께 도움받았다. 그래서 다시 책을 낸다면 '감사의 말'을 꼭 넣겠다고 다짐했다. 책 만드는 데 도움을 준 분들께 감사를 전하려는 게 아니라 감사를 전하기 위해 책을 썼대도 완전히 거짓은 아니리라.

첫 감사 대상은 고민할 필요가 없다. 모든 행불행을 함께 겪었고, 앞으로도 그럴 가족들부터.

나를 견뎌줘서 고마워요.

함께할 때마다 있는 그대로 있게 해준 (이 책에 이니셜로 등장한) 친구들에게도 (쑥스럽지만) 내가 가진 가장 다정한 우정을 보낸다.

반송은 불가란다.

2

　한 권의 책을 만드는 '『파고』 프로젝트'에서 내 역할은 저자 겸 편집자였다. 집필과 편집. 두 세계를 오가며 배운 게 있다면 혼자보단 둘이, 둘보단 여럿이 만든 세계가 더 정교하다는 것. 다음은 이 책을 정교히 다듬어 준 분들의 이름이다.
　아름답고 사려 깊은 문장으로 책의 문을 열어 준 '『파고』 안내자' 김달님 작가님. 독창적이고 감각적인 원화를 표지에 내어 준 누약 작가님과 그 원화로 갖고 싶은 표지를 만들어 준 김현경 작가님. 개인의 목소리를 공공의 언어로 꺼내 놓도록 교정에 도움을 준 이아름 편집자님. 출판에 관한 고견을 들려 준 김화영 책나물 대표님. 서투르고 겁 많은 창작자를 안심시키고, 용기 내게 해 준 비효율의 보스, 송유수 대표님. 각 분야 전문가와의 협업이라는, 나의 오랜 꿈을 이뤄 준 이분들께 받은 은혜는 여기 다 적지 못한다.
　함께해서 영광이었습니다.

또 이 책에는 매체에 기고한 비평문이 실렸는데, 2022년부터 2024년까지 귀한 지면을 내준 문화저널 맥과 작품 인용을 허락해 준 각 출판사. 그리고 '문학적 응답'으로 출간을 지원해 준 대전문화재단에도 깊은 감사를 전한다.

귀한 분들과의 협업으로 무사히 출간했지만, 혼자라는 감각만큼은 잃지 않겠다고 다짐해 본다. 내가 읽고 쓴 모든 글의 출처는 고독일 테니까. 오랫동안 나의 고독을 지켜 준 분들이 있다. 어디에서, 어떤 글을 연재하든 조용히 반겨주고, 때로 잠시 사라져도 그 자리를 지켜 준 구독자 선생님들.

늘 지켜봐 주셔서, 그것으로 한 창작자를 지켜주셔서 감사합니다.

3

 '소품집 시리즈'는 저자가 서문을 쓰지 않는다. 이 책에선 평소 존경해 온 작가님께 부탁드렸고, 첫 책은 서문 없이 본문을 시작했다. 대신 '발문 혹은 서문'이라는 제목의 글로 마지막 장을 채웠다. 거기에 나는 '죽음을 생각하고 있다가 내 글을 보고 번뜩 정신을 차리게 되었다는' 독자의 메일을 소개하며 뒤늦은 답서를 적었다.

 "회신하지 못한 말을 이곳에 남긴다. 볼 수 있을지는 알 수 없지만, 그대 때문에 내가 다시 글을 쓸 수 있었다고. 그리하여 이렇게 죽지 않고 책을 내게 되었다고." 그때나 지금이나 '살리는 글'은 쓸 줄 모른다. 애초에 내가 겪은 문학은 '살리는 일'이 아니다. 각자가 살아가는 이야기를 보여줄 뿐이다.

 사는 동안 내게도 끊임없이 파도가 다가왔다. 때로는 안에서, 때로는 밖에서. 높고 낮은 파도와 함께 밀려온 사유와 이야기가 비로소 한 권의 책이 되었다. 밀려와 부서지고, 고요로 흩어지는, 이 포말 같은 흔적이 읽는 이의 마음에 작은 파문이 될 수 있을까?

의문보다는 소망에 가까운 이 질문에 답할 수 있는 건 오직 독자들뿐. 여기 담긴 한 창작의 예화가 가늠할 수 없는 높이의 파도 앞에 선 이에게 다가간다면. 그리하여 그이가 용기 낼 계기로 삼는다면, 이 책은 소임을 다하게 될 것이다. 앞에서 보셨듯, 누군가에겐 잔잔한 물결이 내게는 높은 파도로 느껴질 때가 있는데 이 엄살이 누구에게도 상처가 되지 않기만 바란다.

한동안 내 것인 양 품에 두고 살았지만, 이 책은 내 것이 아니다. 모든 책의 주인은 독자. 그분들께 미리 감사를 전한다.

할 일 많고 볼 것 가득한 세상에서 이 작은 이야기를 읽어준 당신. 당신이 기울여 준 시선이 한 창작자를 살리는 일임을 기억하겠습니다. 읽어주셔서 감사합니다.

나의 이야기는 여기까지. 이제 당신만의 파고를 마주하기를. 너무, 아프지는 않기를.

또 하루, 다가오는 파도 앞에 서서.

2025년 겨울

이학민

참고 문헌

1부 반감기
- 존 윌리엄스, 『스토너(초판본)』, 김승욱 옮김, 알에이치코리아, 2020
- 이학민, 「꽃그늘」, 『주머니시』 38호, 2025 ◆

2부 중정에서 광장으로
- 한정원, 『사랑하는 소년이 얼음 밑에 살아서』, 시간의흐름, 2023
- 한정원, 『시와 산책』, 시간의흐름, 2020 ◆
- 김달님, 「아임 폴 인 러브 어게인」, 김달님 외 7인, 『너와 나의 야자 시간』, 책폴, 2022 ◆
- 프랑수아즈 사강, 『슬픔이여 안녕』, 김남주 옮김, 아르테, 2019 ◆

- 아고타 크리스토프, 『문맹』,

  백수린 옮김, 한겨레출판, 2018 ◆
- 영화 《서부 전선 이상 없다》,

  에드바르트 베르거 감독, 어뮤즈먼트 파크, 2022
- 문진영, 『미래의 자리』, 창비, 2024
- 조해진, 『겨울을 지나가다』, 작가정신, 2023 ◆

◆ 본문에 문장 일부를 인용한 저작물입니다.

based on

산문구독서비스 — 일단연재

브런치북 — 당신의 슬픔을 알지는 못하지만

편지 뉴스레터 — 고독에게

문화 전문매체 — 문화저널 맥

그리고 — 구독자 선생님들의 편지